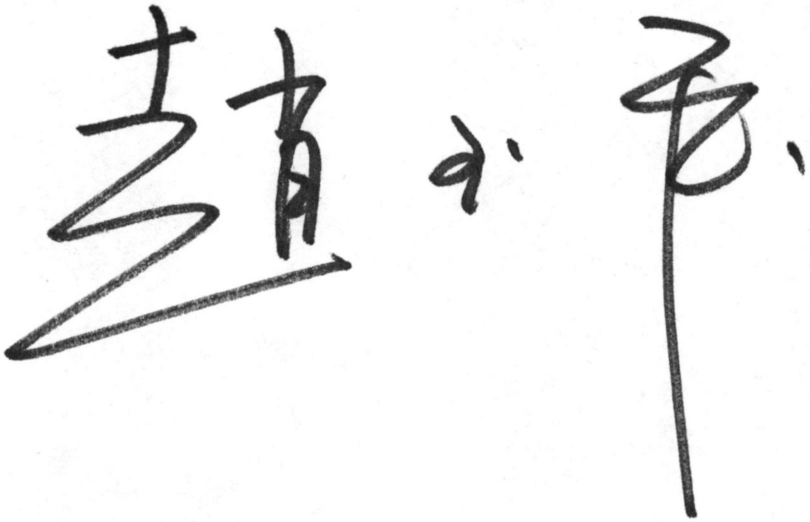

跟司马懿学管理

赵玉平　著

電子工業出版社
Publishing House of Electronics Industry
北京 · BEIJING

图书在版编目 (CIP) 数据
跟司马懿学管理 / 赵玉平著 . -- 北京：电子工业出版社，2011.8

ISBN 978-7-121-14122-5

Ⅰ. ①跟… Ⅱ. ①赵… Ⅲ. ①司马懿（179 ～ 251）—管理学—研究
Ⅳ. ① C93-092

中国版本图书馆 CIP 数据核字（2011）第 142429 号

书名：跟司马懿学管理

作　　者：赵玉平
策划编辑：李　影　liying@phei.com.cn
插　　画：曲利华
责任编辑：李　影
印　　刷：三河市鑫金马印装有限公司
装　　订：三河市鑫金马印装有限公司
出版发行：电子工业出版社
北京市海淀区万寿路 173 信箱　邮编 100036
开　　本：720×1000　1/16　印张：16　字数：180 千字
版　　次：2011 年 8 月第 1 版
印　　次：2022 年 9 月第 24 次印刷
定　　价：56.00 元

凡所购买电子工业出版社图书有缺损问题，请向购买书店调换。若书店售缺，请与本社发行部联系，联系及邮购电话：（010）88254888。

质量投诉请发邮件至 zlts@phei.com.cn，盗版侵权举报请发邮件至 dbqq@phei.com.cn。

服务热线：（010）88258888。

前言

“跟司马懿学管理”这个主题的准备比想象的要艰难得多。常常是出差回来，马上要录节目了，自己这边提纲才刚准备好。甚至在录制第四、五集的时候，头天晚上还在外地出差。在如此紧张的时间里要录制《百家讲坛》这样高质量的节目，其挑战超乎想象！

遇到的第一个挑战是还原细节。

很多事情都没有历史记载，虽然它们确实存在过，但是已经消失在久远的时间深处了，就仿佛从来没有存在过一样。至于那些有记载的事情，在史书上也往往只言片语，简化得现代人几乎感觉不到事件本身的存在。

为了强调事件的真实性和过程感，必须要对一些重要事件进行细节还原。这是我遇到的第一个挑战。比如司马懿装病拒绝曹操的招聘之后，曹操专门安排人来刺探司马懿，这一事件在《晋书》上只有一句话十四个字——“魏武使人夜往密刺之，帝坚卧不动。”

很多人都把这个事件描述成刺客行刺司马懿，其实这里的“刺”应该是“刺探”的“刺”，而不是“刺杀”的“刺”。按照这十四个字，我尝试着把当年的过程细节做了一下基本的还原。全书一共十讲的内容，差不多每一讲都尝试着还原了一个或者两个细节，这部分工作是整个准备过程中花费心思最多的。

第二个挑战是理解历史的挑战。

《跟司马懿学管理》延续了之前出版的《向诸葛亮借智慧》的风格，尝试着运用管理学的规律和观点来分析人物和事件。书中大量使用了团队管理、社会心理学、组织行为学乃至经济学的规律。运用这些规律解读三国，难的不是对历史事件的掌握，也不是对规律的掌握，而是二者如何结合。常常是对着人物想规律，辗转反侧折腾几天，才能找到一个比较合适的切入点。比如，在讲到曹爽专权、私欲膨胀的时候，使用的是经济学“边际递减”的规律。

这种解读方式看起来轻松活泼，其实每迈出一步都相当艰难，就这么一段六百字的分析，几易其稿，几乎耗费了一周的时间。写作的时候，经常想到安徒生的童话《海的女儿》里描写的小人鱼——每一步都像在锥子和利刃上行走，可是情愿忍受这种痛苦，走起路来轻盈得像一个水泡……

第三个挑战是语言的挑战。

这本书的写作和之前的《向诸葛亮借智慧》的写作有点不同，诸葛亮那本书是先有稿子，再录节目，再出书。而这本《跟司马懿学管理》是先录节目，再整理稿子，整个书稿都是在现场录音的基础上修订润色完成的。

把口语变成标准的书面叙述是一个很艰辛的过程，其精细程度如同绣花。这最后一个战役几乎把我打垮。

比如第九章讲到一个故事，名字叫“醉打老虎”。这是在百家讲坛现场讲的一个故事，篇幅是七百字。为了完成从口语到书面语的转化，单单这七百字的小故事，从标点符号到遣词造句，对记录稿大大小小的修改就有四十三处！

口语如同写意画，会意即可；而书面语是工笔画，必须要处处精确。所以润色整理录音稿的时候，需要把大量口语表达改成书面语表达。整个书稿接近二十万字，连续工作两昼夜，费时四十八小时，逐字逐句、逐个标点筛了一遍，简直是魔鬼四十八小时，即便这样，事后回头看，还是有一些文字的瑕疵没有挑拣出来。真正体会到能说出来和能写出来确实是不同的！

这本书和《向诸葛亮借智慧》以及更早的《梁山政治》、《青梅煮酒论领导》一样，都是近二十年来我个人学习成果的总结。学习这两个字，"学"指的是获得理论，"习"指的是获得实践体验。我们现在很多学生最大的问题在于"学"得太多、"习"得太少。一本书这么多道理是从哪儿来的呢？其实，不是学出来的，是习出来的。每一讲里面都有大量的民间智慧、老百姓的口头谚语，有很多押韵的句子、排比句，这不是凭空创造的，都是在实践中一点一点总结出来的。要想培养能力，不光要"学"，一定还要"习"，就是在实践中去体验，去磨炼。这个经验叫"做小事长大本事"。从做小事开始，小改进、小进步、小习惯，最后长大本事。好东西都是积累出来的。成功的秘诀其实就是热情加坚持。

任何学科都是深刻的片面。

人的偏见都来自自己擅长的领域。

史学家的偏见来自历史，文学家的偏见来自文学，管理专家的偏见来自管理。

写作的过程中，特别担心自己在卖弄管理学知识的时候，走火入魔，说极端的话，讲过头的道理。但是毕竟才疏学浅，能力有限，疏漏在所难免，希望高明的读者们能去粗取精，去伪存真，有取有舍地看待这本书中的观点。还是那句话，人民群众是历史的创造者。一切对历史的解读，都要接受“创造者”的检验！

司马懿跟诸葛亮不一样，他头脑冷静，精于判断，凭借过人的胆识和谋略在斗争中一次次取胜。他是一个常人，一个有私心杂念、个人欲望、权力野心的人。阅读司马懿的一生，给我们这些普通人的启迪和借鉴可能更多，因为在我们的内心世界里，也包含着那么多的私心杂念、欲望野心，特别是在这个充满诱惑的时代，如何管理好自己的内心世界，这是我们每个人面临的大课题。

如果做个比喻，诸葛亮就像一盏明灯，这盏灯穿越了历史的阴霾，它的光明照亮了我们的心灵世界。司马懿则是一面镜子，对着这面镜子让我们看到真实的自己，“真理真理，先真实再讲理”，看到真实的自己是一个人进步的开始，也是一个民族进步的开始。

希望我们大家都能以史为鉴，以人为镜，在前进的道路上，既有明灯照亮自己的心灵世界，更有明镜帮自己看清缺点和不足。只有这样，我们才能心怀光明，每天都走在坦荡、充实的人生大道上。

赵玉平

2011年7月21日

于北京邮电大学明光楼

目录

第一讲

重大选择讲谋略

人的一生会遇到各种各样的选择，恰当的选择对我们能否获得人生、事业的成功至关重要。那么，当那些影响我们一生的重大选择来临的时候，我们究竟该如何把握？三国时期的司马懿在这方面就非常高明。司马懿在做选择方面都有哪些值得我们学习的智慧呢？

有一句话是这样说的，选择比努力更重要。我们的生活和事业之所以能够获得成功，一个重要原因在于关键的时候做出了正确的选择。然而在当下，却有不少人在为不知道该如何做选择而焦虑不安。那么，选择有规律可循吗？当人生出现重大选择时，我们又该如何去把握？在这方面，司马懿就是一个厉害的主儿，在朝不保夕、战火纷飞的三国时代，司马懿的每一次重大选择都是那样的惊心动魄，而最终的结果也证明了司马懿高超的智慧和能力。那么，在关键问题的选择上，司马懿究竟有哪些高明之处，我们从中又能获得怎样的启发呢？

记得在讲诸葛亮的时候（见《向诸葛亮借智慧》一书），我们谈到过一句话，“选择比努力更重要”。实际上，很多成功人士之所以生活或事业获得成功，都是因为在人生当中几次重大的选择做得比较好。选择是人生成功的基础，但同时，选择也是烦恼的来源。

最近我发现一个特别有趣的现象，在吃自助餐的时候，有些人选菜的时间比吃饭的时间长。面对这么多好吃的东西，这个也好，那个也好，左右为难，特别踌躇。大家再看另一件事情，也非常有意思，很多女孩子都特别爱逛街，大夏天，一个小女生穿着高跟鞋一逛六个小时，你说她不累吗？她肯定累，但是为什么那么累她还逛呢？原因很简单，逛完一个商场，她觉得下一个商场里有比这个商场更好的衣服，到了下一个商场，又觉得可能再下一个商场还有更合适的，越逛越不甘心，越逛越上瘾，结果最后累得筋疲力尽。

其实，很多事情如果只有一个选项、一个出路，那是很省心的，朝一个目标去做就行了，做完了安心回去睡觉。偏偏要命的是，生活是道多选题，很多事情都有很多选项，而且，每个选项都有利有弊。

所以我们得出一个结论：生活中的很多痛苦都是因为选项太多造成的。那么在这种痛苦的情况下，人们应该怎样做正确的选择呢？今天，结合三国的故事，想给大家提一点选择方面的建议。

喜欢三国的朋友都知道，《三国演义》这本书前半段的高潮是火烧赤壁，后半段的高潮就是六出祁山。在诸葛亮六出祁山的时候，我们这位神机妙算的孔明先生遇到了一个强大的对手，这个人复姓司马，单名一个懿字，河南温县孝敬里（今属河南温县）人士。《三国演义》中司马懿出场非常晚，他一直到第94回才正式走到前台。而这个时候离赤壁之战已经二十多年了，曹操、刘备、关羽、张飞这些大英雄都已经不在人世了。司马懿是后半场出场的人，不过司马懿不寂寞，历史给他提供了展示自己才华的平台，诸葛亮也不孤单，命运给诸葛亮安排了一个强大的对手。司马懿和诸葛亮这两个强者就像宇宙中的两个行星，在经历了各自曲折的人生轨迹之后，终于在祁山这个小小的点上“砰”地一下撞在了一起。于是在祁山这个地方就上演了一出波澜壮阔的龙争虎斗。

司马懿（公元179—251年），字仲达，汉族，河内郡温县孝敬里（今属河南温县）人。三国时期魏国杰出的政治家、军事家，西晋王朝的奠基人。曾任职过曹魏的大都督、太尉、太傅。是辅佐了魏国三代的托孤辅政之重臣，后期成为全权掌控魏国朝政的权臣。

公元228年的春天，祁山深处的西城异常宁静，大白天街上空无一人，特别安静，静得有点诡异、有点恐怖，有点像恐怖片里的场面。街道当中，二千五百多名西蜀士兵埋伏在路两边的店铺里边，神情严肃，鸦雀无声。为什么呢？因为丞相诸葛亮发下一道军令：诸军各守城铺，如有妄行出入及高言大语者，斩！虽然大家都不说话，但是这些弟兄们眼睛里，都掩饰不住地透露出恐慌。怕什么呢？怕一个人，这个人就是司马懿。有人说不对啊，俗话说了，“死诸葛吓走活仲达”，区区一个司马懿有什么可怕的？其实司马懿不可怕，可怕的是司马懿带领的十五万大军。按说十五万大军也不可怕，可怕的是眼前小小的西城只有二千五百名士兵，而且诸葛亮身边没有一个战将，全是文官，一群书生带着二千五百名士兵，如何能抵挡司马懿的十五万大军呢？这些士兵们都很绝望，都指望着神机妙算、呼风唤雨的诸葛丞相能给大家找出一个活命的办法。

诸葛亮（公元181—234年），字孔明，号卧龙（也作伏龙），汉族，琅琊阳都（今山东临沂市沂南县）人，蜀汉丞相，三国时期杰出的政治家、战略家、发明家、军事家。公元234年，因积劳成疾，病逝于五丈原，葬于定军山(今陕西勉县东南)。

诸葛亮想了一个特别匪夷所思的办法，关于这一段，《三国演义》中有非常精彩的描述——孔明登城望之，果然尘土冲天，魏兵分两路望西城县杀来。孔明传令，教“将旌旗尽皆隐匿；大开四门，每一门用二十军士，扮作百姓，洒扫街道。”再看这位诸葛丞相，头戴纶巾，身披鹤氅，带两个小童，面前摆着一张琴，在高楼之上凭栏而坐，焚香抚琴，神态悠闲，非常自如。

司马懿的部队来到城下，十分震惊。司马懿没想到诸葛亮大开四门，在楼上弹琴。这时司马懿就面临一个选择：进城还是不进城。如果选择进城，成功了，可以活捉诸葛亮，如果不成功，就会被对方活捉，这叫“偷鸡不成蚀把米”。如果选择不进城，万一城里没有埋伏，岂不是错过大好机会吗？这叫“煮熟的鸭子——扑棱翅膀就飞了”。所以司马懿在西城门前前思后想，左右为难，上蹿下跳，抓耳挠腮，不知如何是好。

所以大家看到，一个人在人生重大的选择面前，往往表现得十分焦虑。这种焦虑是一个普遍现象，在微博上面，我就见过有人给自己贴标签——“选择焦虑症”。什么叫“选择焦虑症”？

我给大家举个例子。有一头驴饿了，要吃青草，这时候如果给它一堆青草，驴会特别开心，吃饱了。但如果给它两堆青草，驴会从左边跑到右边，从右边跑到左边，看着这堆想着那堆，看着那堆想着这堆，最后累得精疲力尽，也没吃饱。如果给它五堆青草呢？这只驴会顾不上吃，它得累死。所以我们说：一堆青草叫开心，两堆青草叫折磨，五堆青草叫虐待。

不仅驴是这样，人也是这样。例如孩子高考报志愿，要是成绩一般，只能报一两所学校，那很省心，只报这一两所学校就可以了，偏偏孩子成绩不错，可选项很多，家长拿着一大张志愿单，看完这个看那个，左右为难，急得睡不着觉。所以，有时候选择多了未见得是好事情。

我们回过头来要分析一下，诸葛亮为什么敢大开四门？其实诸葛亮心里有两个想法：

第一，诸葛亮很无奈。无奈在哪儿呢？要兵没兵，要将没将，就二千五百个人，还没个能打的，没有别的办法，只能出此险招。

第二，诸葛亮很有信心。诸葛亮判断，以司马懿的狐疑性格，跟自己第一次交手，面对如此异常的局面，他绝不会贸然进城，诸葛亮对此非常有把握。

那么诸葛亮算准了吗？算准了。司马懿真的就被这个场面给震住了,《三国演义》中说，司马懿到了西城前，探马把探到的情况回报司马懿，说："禀大都督，城门大开，诸葛亮在弹琴"。司马懿是什么反应呢？《三国演义》中说，"懿笑而不信"。通过这"笑而不信"我们就看到，司马懿对局面还是比较有把握的，对诸葛亮也是有了解的。诸葛亮不是别人，一个如此谨慎的人，怎么可能做这种事情呢？于是司马懿自己骑着马到城下来看，一到城下，司马懿真的傻眼了。抬眼望去，看到真的是四门大开，有二十个百姓规规矩矩地在那儿扫地。城楼之上，诸葛亮笑容可掬，正在弹琴呢，左边一个小童抱着宝剑，右边一个小童抱着拂尘。司马懿万万没想到，他带着十五万大军来了，诸葛亮居然在城上弹着琴、唱着歌、吃着火锅？这也太潇洒了，这不对啊！

司马懿怎么想也想不出这里的奥妙。司马懿的人生经验给了他一个基本的做事原则，什么原则呢？就是在形势不明朗、看不清利害的时候，绝不贸然动手。宁可滞后，绝不冒险，于是司马懿传下军令，前军变后军，后军变前军，往北山而退。有人会说，带队伍冲进去，管他三七二十一，活捉诸葛亮不就行了？我们现在很多人这么想，其实当年也有人这么想，这个人就是司马懿的二儿子司马昭。在部队撤退的时候，司马昭策马来到司马懿身边，问父亲："莫非诸葛亮无军，故作此态？父亲何故便退兵？"司马懿回答："亮平生谨慎，不曾弄险。今大开城门，必有埋伏。我兵若进，中其计也。汝辈岂知？宜速退。”司马懿说，这诸葛亮平生谨慎，不能弄险，打开四门必有埋伏，咱们进去就被人活擒了，你这个小毛孩子，你懂什么？老人教育孩子，经常说的话就是：我吃的盐比你吃的米还多，我过的桥比你走的路还多，我见的鬼比你见的人都多，你懂什么啊？给我走。曹魏大军就这样席卷而去，撤退了。

我们可以看到，司马懿判断局势的一个重要方法。这个方法想给大家讲一讲，这种方法叫做“看人要看一贯性”，不能看临时表现，要看他的历史表现、长期表现。俗话说“人心隔肚皮，做事两不知”。老百姓的说法叫做“虎跟虎隔着毛皮，人跟人隔着肚皮”，你说这个人做事有什么动机，心里有什么奥妙？旁人很难知道。但是有一个方法可以知道，就是在判断这个人的时候，我们可以看他的一贯性，他一贯的主张、一贯的行为、一贯的思维模式，通过一贯的行为，我们就能知道这个人是怎么回事。所以司马懿了解诸葛亮的一贯行为是四个字——“一贯谨慎”。一个这么谨慎的人，怎么可能大开四门？相当于强盗来了，防盗门不关，家里放着音乐，主人还在屋里唱“妹妹你大胆地往前走”，让强盗进来，这不可能啊。

诸葛亮的这种行为叫做反常行为，管理学中有一句话，“反常行为背后必定有意想不到的秘密”。工作单位里面如果有一个人，平时对你不冷不热，敬而远之，突然有一天他面带笑容上来就和你勾肩搭背，管你又叫叔叔又叫大爷，这里面一定有事。《西游记》里唐三藏遇到的那些妖精又漂亮又温柔，而妖精一贯是青面红发，锯齿獠牙，血盆大口，见人就吃。妖精为什么在唐三藏面前那么反常？很显然，它想吃唐三藏的肉啊。所以说“反常行为背后必定有可怕的秘密”，看人就得看一贯性。司马懿就是这么看诸葛亮的，你不是反常吗？我不上你的当，所以司马懿就全军撤退了。司马懿就是用这样的思维模式来判断诸葛亮的。并且，诸葛亮也知道司马懿是用这种思维方式来判断自己的。这就是孔明先生的高明，高明的人不光会看别人，还能知道别人怎么看自己。

管理智慧箴言

反常行为背后必定有意想不到的秘密。

司马懿撤退之后诸葛亮跟手下人就说，“吾料此人知吾平生谨慎，不曾弄险，见四门大开，必定退去。”众皆惊服曰：“丞相之机，神鬼莫测。若某等之见，必弃城而走矣。”孔明曰：“吾兵止有二千五百，若弃城而走，必不能远遁。得不为司马懿所擒乎？”言讫，拍手大笑。有人说，诸葛亮笑了，司马懿应该哭了，“空城计”败成这个样子，非常惨啊！

“空城计”中，司马懿没有冒险进城，那么，他的这个选择究竟是对还是错呢？我们很多人做选择，都喜欢追求一个标准，那就是完美。这是司马懿和诸葛亮的第一次交锋，之前司马懿一直大胜，但这次却因为中了诸葛亮的“空城计”而不够完美，甚至他胆小的举动还成为大家茶余饭后的笑柄。然而，我要说，在“空城计”中，司马懿的行为不仅不丢人，其中还蕴含着他关于做选择的过人智慧。为什么会得出这样的结论呢？

其实，大家仔细想一想，“空城计”中司马懿失败了吗？从某种程度上说，可以说他没有失败。而且按照《三国演义》的叙述，我们甚至可以说司马懿在某些方面还成功了。为什么说他在某些方面成功了呢？我们来分析司马懿在“空城计”中的策略就知道。

策略一　不求最好，但求满意

司马懿这次和诸葛亮交手，他面对的局势是什么？我们可以用“危机”二字来形容。《三国演义》第92回叫“赵子龙力斩武将，诸葛亮智取三城”。第93回叫“姜伯约归降孔明，武乡侯骂死王朗”。大家想想诸葛亮的战斗力达到什么程度？唾沫星子愣是可以把一个老头给骂死，这太厉害了。光从题目我们就可以看到，诸葛亮这次出兵那是节节胜利，赵子龙斩了曹魏五员大将，安定、南安、天水三郡都被诸葛亮占领了，打败了夏侯楙，打败了曹真，打败了郭淮，席卷了整个战场。所以是“关东震动，天下震动”，曹魏政权没办法了，才急调司马懿到军前临时指挥战斗，司马懿是在这么一个情况下走上战场的，所以形势特别危急。而且算算部队就可以知道，此时司马懿手里的部队没有诸葛亮多，大将也没有诸葛亮多，在这种被动的情况下，能把诸葛亮逼退了，那已经算是非常成功了。就好比跟拳王过招，能把人家逼退了或者打个平手那就算胜利。有人就说，那要是进了西城活捉诸葛亮不就更好了？确实，这样做可以打一百分，这属于“锦上添花，蜜里加糖，白金上面镶钻石”，这当然是好事了。不过，也有可能在西城中了诸葛亮的埋伏，画蛇添足，葬送辛辛苦苦得来的胜利成果。

我们想，以司马懿的谋略，他应该是经过权衡的，我们来替司马懿权衡一下，要么不进西城，迫使对手撤退收复失地，这个选项能得九十分；要么进西城，一旦得手活捉诸葛亮，可以得一百分，非常完美，但是也可能误中埋伏，前功尽弃，零分。

这两个路线大家说该选哪个？司马懿决定选前一个。能得九十分不错啦，没必要冒险再求一百分。

这个原则就叫做“不求最好，但求满意”。

其实现实生活中，很多人都会在这一点上犯错误。我来举个例子，比如现在换季了，天热了，一个女孩子要去西单买条裙子。西单那么多商场、北京城那么多商场，理论上讲，一定有一条裙子特别适合她，但是要不要一家一家看，一家一家选，转遍北京大小商场，对比所有的选项？有人说了，我就是要买一个完美的，就是要买到一个最好的，那行，那您就转吧，选吧，等真买到的时候，估计冬天都来了。

所以，尽管客观上有可能得到一个完美的结果，但是我们没有那个时间、花不起那么多成本来求这个完美，我们只能在有限的时间、有限的范围内，找到一个比较满意的。如果非要追求完美，可能最后会前功尽弃，一无所得。

现在很多男孩女孩被称为“剩男”、“剩女”、“剩斗士”、“齐天大剩”，都剩下了。为什么会剩下呢？不甘心，找到八十五分的想九十分，找到九十分的想九十五分，找到九十五分的想一百分，结果等真的遇到一百分的人的时候，人家儿子都上中学了。所以我们大家都花不起那么多成本去找那个一百分的人。

大家注意，人生得九十分靠奋斗，得一百分靠运气。能碰着就行，碰不着一百分得个九十分也就可以了。所以司马懿的原则就是，我能把诸葛亮逼退，我能收复失地就已经很不错了，我根本没必要非要去追那个一百分，这个原则在管理上叫做“最好是好的敌人”。

什么意思呢？做事情，追求好可以，但如果你要追求最好，局面就有可能变坏，你就会走到反面去。做事情，没有百分之百的完美，只有百分之百的错误。你要追求百分之百的完美，你一定会得到一个错误。我们要适可而止，满意就可以了。所以司马懿觉得，我能把诸葛亮逼退，这就很满意了，不追也可以。所以，司马懿的部队就退去了。

管理智慧箴言

最好是好的敌人。

诸葛亮组织人马，携带三郡的百姓，安全地退回了汉中。诸葛亮从西城撤退以后，司马懿回来了吗？回来了。回来以后就引出了司马懿的第二个策略，什么策略呢？

策略二　无悔的选择是好的选择

诸葛亮走后，司马懿又回来了，司马懿进城之后并没有立刻组织人去追诸葛亮，而是把西城的当地百姓聚拢在一起，用现在的话说，就是开了一个规模非常大的“军民恳谈会”。先从老百姓那里掌握信息，然后再决定下一步怎么办。都说诸葛亮非常谨慎，其实司马懿也非常谨慎。在“军民恳谈会”上，老百姓一说，司马懿傻眼了。老百姓说诸葛丞相只有两千多人，又无有兵又无有将，也无有埋伏，属于“三无”，司马都督您中了“空城计”啦！司马懿听后仰天长叹，“吾不如孔明也”。

有人说，既然这么后悔，当时冲进去不就得了？人生什么时候最痛苦？后悔的时候最痛苦。什么叫好的人生？无悔的人生是好的人生；什么是好的选择？无悔的选择就是好的选择。如果我们能做一个选择，不管这个选择别人怎么看，我们自己心里没有悔，这就行了。希望我们大家在做重大选择的时候能达到无悔的境界。

但是世事难料，谁能预测下一秒钟将发生什么吗？不能。换句话说，不管做哪种选择，都有可能后悔。后悔是选择的影子，遗憾是人生的伴侣。是生活就有遗憾，是选择就有可能后悔。做每件事情不可能都有百分之百的把握，只要做事就有可能后悔。

那么在这个时候我们怎么做选择呢？给大家一个建议，既然每个选项都有可能后悔，我们就把所有选项搁在一起，研究一下，哪个选项后悔的可能性最小，就选哪个，这个方法叫“最小后悔法。”我们就用这种方法来给司马懿衡量一下：这个西城到底进还是不进。进西城，如果成功，活捉诸葛亮，如果失败了，被人家活捉了。不进西城，如果成功了，逼退诸葛亮，如果失败了，失败了也没什么大不了的，还是逼退诸葛亮，一样的。

这就相当于抓彩票，现在你手里攥着四百万，有人让你拿这四百万做赌注搏一个五百万，搏准了，得到五百万，搏不准，四百万也没了，最后是零。但如果不搏呢，你现在手里稳稳当当地有四百万。你说你是搏还是不搏？我们算一下就很清楚。你要是搏这五百万，没搏中，后悔了，四百万都没了，有“失去四百万”的后悔。你要是没搏这五百万，你的后悔大不了就是“少挣一百万”。大家想想，“失去四百万”的后悔大还是“少挣一百万”的后悔大？当然是“失去四百万”后悔大，所以我们就选择不搏。

因此，司马懿不进西城，他也是做了一个无悔的选择，是一个很理性的选择。重大的决策，光靠经验、靠感情、靠脑门发热不行，你得有理性。而我们看到在现实生活中，往往一个人平时很理性，关键时刻热血沸腾，脑子一发热，越是关键时刻越没理性，这是个大问题。因此，司马懿的决定很稳妥。

开完“军民恳谈会”后，司马懿组织部队要退回长安，准备收兵。在收兵的时候，司马懿感叹说“吾不如孔明也”。这句话说得特别高明，在今天的商场上，在激烈的企业竞争当中，有哪个企业家在开大会的时候，当着所有下属的面跟周围的人说，“我不如竞争对手的老总”？我相信这样的老总非常少，我们现在很多领导都撇着嘴一副“我天下第一”的样子。

再看人家司马懿，不管失败还是成功，总是把“我不如孔明”挂在嘴边。所以司马懿不简单，了解自己，这叫明白；接受自己，这叫清醒；承认自己，这叫勇气。一个人有了这三条，才能立于不败之地。老子在《道德经》中有一段话，描述的就是这种状态，叫做“知人者智，自知者明，圣人者立，自胜者强。”意思是一个人能明白别人是怎么回事叫做“智”，能明白自己是怎么回事叫做“明”。咱们老百姓平时常说，“你要做一个明智的人”，“明”在“智”前，就是说一个人首先得有自知之明，承认自己的缺点，那才是进步的开始。司马懿的这个优点让人非常佩服。

管理智慧箴言

了解自己，这叫明白；接受自己，这叫清醒；承认自己，这叫勇气。一个人有了这三条，才能立于不败之地。

通过司马懿的行为可以看出，司马懿的方法就是见好就收、绝不贪心，我们下棋的时候有一个术语，叫“成功了不要贪胜”，什么叫“贪胜”呢？就是局面很好，但好了还想再好，却因为一点贪心而破坏了大好局面。所以在人生中，在商海里，在股市上，甚至在麻将桌上，好多人都是“贪胜”，好了还想再好，成功了还想更成功，结果最后一点贪心败坏了大好局势。管理学上有一句话，“能开战叫勇气，会收兵叫智慧”。很多人有开战的勇气，却没有收兵的智慧。要跟人打一架可以，但打架之前就要先想一想，怎么收场。如果没有收场的办法，干脆就别打。

另外给大家一个提醒，离成功最近的时候，风险最大，形势一派大好的时候最容易犯错误。就好比打麻将时听牌的时刻最危险。人得意了千万不要忘形，一定要保持清醒，越得意越要清醒。司马懿就非常清醒，面对空城安全撤退实际上是司马懿的明智选择，诸葛亮也看到了司马懿会这么选，所以两个人是该弹琴的弹琴，该撤退的撤退，这叫“猪往前拱，鸡往后刨，各做各的事”，高手过招，真的是不谋而合。

管理智慧箴言

离成功最近的时候，风险最大，形势一派大好的时候最容易犯错误。

“空城计”这招是不是对所有人都能用？不是！这招也就给司马懿这样的高人才用得上，这叫“给高人用高招，见俗人你得用俗招”。大家想想，如果诸葛亮的对手不是司马懿，而是许褚带着十万大军来到西城前，诸葛亮大开四门在城上弹琴，许褚不管三七二十一，没那么多弯弯绕，带着五百人上来就把诸葛亮捆上了。所以，用策略的时候，要判断对手的状态，不是说高招就能跟所有的人都用。有很多人不讲策略选择，给高人用高招，见到俗人也用高招，结果聪明反被聪明误，把自己给弄坑里去了。

总结起来，大家看到司马懿在“空城计”中其实有两个重要策略：第一，不求最好，但求满意。第二，无悔的选择是最好的选择，要选就选一个后悔最小的。这些宝贵经验都是我们在现实生活中需要借鉴吸收的。

人生做选择就像下棋，有的人之所以能成为高手，是因为他每做出一个选择都尽可能地从长远出发，从全局出发，不为眼前局部的利益所诱惑。《三国演义》中的司马懿就是一个有大局观的人，正是凭借着豁达的气度和过人的谋略和判断，他才能在每次重大选择之后不怨天尤人、不后悔，才能在智慧超群的诸葛亮面前不落下风。那么，接下来，司马懿有关人生选择的谋略还有哪些呢？

接下来司马懿实际上还有一个更高明的第三个策略，这个策略是什么呢？

策略三 绝不掉入别人准备好的选项里

说到这儿，我们已经轰轰烈烈、热热闹闹地谈了半天“空城计”了，不过，如果你有兴趣翻一下《三国志》以及有关的史书，就会发现，“空城计”这事是假的。《三国演义》中关于诸葛亮的很多故事都是不真实的，比如草船借箭、借东风、三气周瑜、空城计，都是小说的虚构。这种虚构第一体现了古人的文学创作智慧，体现了老百姓头脑中的那些精彩的点子。第二体现了中国老百姓对诸葛亮这个人物的热爱。那么真实情况是什么呢？我们给大家传播点真实的历史。

诸葛亮跟司马懿真正的对决不是在公元228年，是三年以后的公元231年。在“空城计”之前，“失街亭”中打败马谡的也不是司马懿，而是曹魏大将张郃，逼着诸葛亮全军撤退。《三国演义》中说，司马懿指挥张郃，张郃是先锋官，这个就委屈张郃了。街亭大战发生的时候，司马懿正在东线，驻扎在宛城（今河南南阳）防备东吴，距离那么远，他根本没有时间也没有条件来到西城。司马懿真正跟诸葛亮交手是在公元231年春天，诸葛亮出兵祁山，恰好曹魏的大都督曹真得了重病。诸葛亮就把曹魏的将领贾嗣、魏平主力包围在祁山附近，这个时候魏主曹睿就紧急把防守东线的司马懿从宛城调来西线，让他主持前线的工作，防备诸葛亮。这样两个高手就见面了，这一年诸葛亮五十岁，司马懿五十二岁，司马懿比诸葛亮大两岁。

这两大高手在经过半个世纪的等待之后，终于“世纪碰面”了，于是展开一场巅峰对决。那么这个巅峰对决到底谁胜谁负呢？按照历史的记载，我给大家还原一下巅峰对决的全貌，看看司马懿和诸葛亮第一次交手的结果如何。

按照《资治通鉴》以及《三国志》上的有关记载，说司马懿打败了，诸葛亮胜利了。但比较有趣的是，如果查阅唐朝编的《晋书·宣帝纪》的记载，司马懿打胜了。那到底是胜是败呢？有人说《晋书》上有人替司马懿遮丑，司马懿实际打败了。那么《晋书》是谁编的呢？是唐贞观年间房玄龄、褚遂良他们搞的。而且针对《晋书》上司马懿这一篇传记，唐太宗李世民专门有一小段评论，"积善三年，知之者少，为恶一日，闻于天下。可不谓然乎！虽自隐过当年，而终见嗤后代。亦犹窃钟掩耳，以众人为不闻；锐意盗金，谓市中为莫睹。"

意思是说，做三年好事，没人知道，做一天坏事，天下人立刻就知道了。虽然当时可以掩盖，但是终究会被后人发现和嘲笑。这就好比掩耳盗铃，以为大家都听不到，又好比闹市里砸提款机，认为别人都看不到！

李世民这几句话说得可是够狠的。从这几句话可以看出，唐代官方对司马懿没什么好印象。以这样的态度来编写《晋书》，估计不会专门费心思帮司马懿隐藏什么缺点。就算房玄龄隐藏了，估计李世民也不答应。因此，我们认为，《晋书》上写司马懿胜也是有些根据的。

那么结合《晋书》和《资治通鉴》的资料，我觉得，诸葛亮和司马懿交锋应该是互有胜负。

在司马懿和诸葛亮交战的第一个阶段，司马懿带着大军到了祁山附近，准备跟诸葛亮开战。司马懿的基本战略部署是派一支小部队驻守上邽（今甘肃天水市），然后自己带主力部队去寻找诸葛亮的主力决战。就在这个决策定下来以后，有一个人站出来提反对意见，这个人就是大将张郃。

张郃（?—公元231年），字俊乂，河间鄚（今河北任丘北）人。三国时期魏国名将。官渡之战时，本为袁绍部将的张郃投降了曹操，并在曹操帐下多立功勋，在曹魏政权建立后加封为征西车骑将军。张郃多次抵御蜀汉诸葛亮的进攻，于公元231年在木门道被诸葛亮设伏射死。谥曰壮侯。

张郃此时已经是曹魏西线的二号人物了，因为在街亭之战中打败马谡，逼退诸葛亮，官职从左将军被提拔为征西车骑将军，《三国志》对张郃的评价是："郃识变数，善处营陈，料战势地形，无不如计，自诸葛亮皆惮之。"所以，此时张郃在司马懿手下是一位"四有下属"，有成绩，有经验，有威信，有分量。张郃的意见是分兵为前后二军，以前军迎击诸葛亮，后军驻守雍城（今陕西凤翔城南）、郿城（今陕西眉县北）。司马懿断然否定了张郃的意见，说战争的原则首先是集中的原则，集中优势兵力才能打歼灭战，就好比一个拳头，岔开五个手指，一个一个会被人掰断，但如果我们攥起一个拳头，就能把敌人打败。所以司马懿决定集中兵力，直捣祁山——诸葛亮的大营。

诸葛亮跟司马懿打了吗？诸葛亮才不打呢，诸葛亮看到司马懿倾巢而来，采取了避实就虚的策略，大军一转头，就奔上邽去了。上邽只有四千魏军防守，而且诸葛亮速度特别快，等司马懿到祁山的时候，诸葛亮已经到上邽了，这件事情对整个曹魏阵营的震撼特别大，司马懿也第一次发现，自己确实不如诸葛亮。在这个被动的形势下，司马懿又做了一个特殊的决策——立刻去追。按理说，诸葛亮已经到上邽了，那边战斗已经打响了，而且路上万一有埋伏怎么办？按理不应该追。司马懿怎么追的呢？史书上记载，"卷甲晨夜赴之"(《晋书·宣帝纪》)。意思就是说，把甲胄都卷起来，全军轻装前进，不分白天晚上，飞奔去上邽。当时就有将领跟司马懿说，敌人都已经到了，我们去了也白去。司马懿一笑，说你们不了解诸葛亮，诸葛亮这个人做事谨慎，他到了上邽一定是一不开战，二不割麦。他要干什么呢？他要安营扎寨，那么多人安营扎寨一定很费时间，等我们去的时候，他应该刚安完营，所以只要我们快一点，是可以赶到的。司马懿判断对了吗？他判断对了。等司马懿到上邽的时候，诸葛亮的大营刚扎完，还没等开战呢，司马懿就来了。所以我们看到诸葛亮这个统帅，优点是谨慎，缺点是太谨慎。

这一点成全了司马懿，司马懿的这个策略叫"看优点，抓破绽"。一个人，在做自己最擅长的事情的时候，也是最容易被别人抓住破绽的。大家一定要注意这个问题。能说的人在说的时候被人抓住破绽，能跑的人在跑的时候被人抓住破绽，能打的人在打的时候被人抓住破绽，都是这样。

管理智慧箴言

一个人，在做自己最擅长的事情的时候，也是最容易被别人抓住破绽的。

于是战役进入第二个阶段，司马懿的护麦大军和诸葛亮的割麦大军一下就相遇了。相遇之后，两军先是有一场小战，规模不大。司马懿派猛将牛金出来跟西蜀作战，打了一下没分出胜负，接着司马懿就收兵了，也扎下一座大营，跟诸葛亮形成对峙。诸葛亮一看，司马懿的营盘建得很好，没有什么机会，于是诸葛亮又启动全军撤回到祁山去了。我们能看出，诸葛亮的战法是运动战，具体来说就是“攻敌所必救”，把敌人引出来，然后在运动中利用大兵团吃掉敌人，这一点特别像解放战争中解放军的战略。

诸葛亮撤退之后，进入战役的第三个阶段，司马懿又遇到一个问题：追还是不追？这时候司马懿决定——追。在他做出追的决策的时候，张郃又提出不同意见了，“可止屯于此，分为奇兵，示出其后，不宜进前而不敢逼，坐失民望也。”（《资治通鉴》）注意，张郃其实把司马懿看透彻了，张郃发现司马懿的打架方式就是“牛皮糖”策略，贴上去，但是不打，你走我就跟着你，你停我就陪着你，你打，我不和你打，你走，我再跟着你。所以张郃说，都督您算了吧，您这哪里是追击，分明是追而不击。追过去，又不敢打，让大家失望，让天下的老百姓嘲笑！不如屯军于此，然后分出奇兵寻找战机。

司马懿不急也不恼，再次否定了张郃的建议，还是追。于是全军很快就追过来了，这时进入战役的第四阶段。蜀军就在卤城（今甘肃天水南）摆开了阵势。这阵势有多大呢？《晋书》上记载，“据南北二山，断水为重围。”大家想想阵势有多大吧，占据了两个山头，中间断了一条河，做了一个巨大的阵形。司马懿指挥着自己的十几万大军杀气腾腾地扑上来，一时之间在天水南边小小的卤城，战云密布，气氛异常紧张。所有的曹魏和西蜀的将士都认为，一场生死大战就要开始了，就等着血腥拼杀了。结果司马懿到达卤城以后，气势汹汹，咬牙切齿，毫不犹豫地做了一件事情。什么事情呢？就是迅速建了一座比西蜀大营还坚固的大营，眼见着一场血腥拼杀变成了一个劳动竞赛，两支大军比着搞房地产，比质量、比速度。

司马懿建成大营以后，把部队都收敛到大营里边，鸦雀无声，固守待援，也不打，就在屋里待着。“我也不打你，我就看着你”。这件事情引起了曹魏很多将士的不解，当然也引起了西蜀很多将士的不解，说他不打他追上来干什么？你不打你别追啊？他偏要追。追了你打啊，追了他又不打。那司马懿为什么要这样做呢？这里边其实有一个很高明的策略，就是在激烈的竞争中，绝不掉入别人准备好的选项里。

在祁山一战中，司马懿一直跟诸葛亮拧着劲儿，偏不按照常理出牌。我们在工作生活中也有这种情况，自己的选择被他人提前做了安排，这个安排如果来自竞争对手，轻则会干扰我们的思路，严重点就会陷入被动的局面。那么，面对诸葛亮的聪明布局，司马懿也不笨，他并没有按诸葛亮的规矩来出牌。那么，司马懿这样做的理由是什么？从中我们又能得到哪些做选择的智慧呢？

大家注意，你要跟聪明人过招，千万不要掉入人家给你的选项里边。关于这个策略，我给大家讲一个身边的例子。比如早晨商家促销茶鸡蛋，你拿了粥和包子去款台结账，人家小女孩微笑着推销茶叶蛋，人家不说“先生你要不要煮鸡蛋？”这样你可能就说不要了！人家说的是——“先生，您选了精品包子和养生粥，请问鸡蛋您是要一个还是两个？”你想都不想就说：“要一个吧！”

注意——你中招了！其实，你是可以不要的，但是你忘了说了。这就叫落入别人准备好的选项里。

我再给大家讲一个更匪夷所思的。很多年轻人谈恋爱，男生都会遇到这个经典的问题。这个问题特简单但是特难回答。小女孩问男生：“要是我跟你妈一起掉河里边了，你先救谁？”这个问题叫“四头堵”的问题。

小伙子说：“我先救你”。女孩会说：“没人性，连亲妈的死活都不在乎，我可不敢跟你生活在一起，拜拜。”

小伙子要说：“那我先救我妈。”小女孩会说：“刚假设一下，你就把我牺牲了，你妈重要，你跟她过一辈子吧，拜拜”。

小伙子如果说：“我谁都不救。”女孩子会说：“家里人喊救命呢，你居然谁都不救，袖手旁观，你还是人吗？拜拜！”

小伙子如果说，“那我跳河里面跟你们一起死。”小女孩会说：

“本来就死一个，现在死三个，你有脑子吗？”

所以这叫“四头堵”的问题，人家给你的选项，你不管怎么选，都会掉在里面。

那您说这问题有答案吗？告诉大家，天下无语不成双，有问就有答。关于这个问题我给大家一个参考答案。

小女孩如果问：“我和你妈都掉河里面，你先救谁呢？”

大家注意，“如果我和你妈都掉河里面”，她说的是“如果”，你能“如果”我也能“如果”，所以回答就是，“如果我妈会游泳，我们俩就一起来救你……”注意，后面再加一句，“只要你今天答应我，我们全家都会保护你的安全，永远不让你受任何伤害。”

那小女孩要说：“你妈要是不会游泳呢？”

那我们就接着再“如果”，说：“如果我妈不会游泳，你放心，只要你今天答应我，晚上我就带我妈去学游泳，我们全家一定尽最大努力让你过上幸福、安宁的生活。”这就叫“不要落入别人的选项当中”，你落进去你就被动了。

所以，和聪明人过招，一定要让思维有突破，突破什么？突破对手给你准备好的选项，能在这些选项之外看到其他选择，这才行。

司马懿就这么应对诸葛亮。你以为我被动了怕埋伏肯定不追，你问我，是守城还是劫营？我告诉你我追！追到了，既然追了就是为了打呗，不打你追他做什么呢？所以你问我，单打还是群殴？我告诉你，我不打！

但是司马懿此举遭到了曹魏将领的强烈反对，贾嗣、魏平等人就出来跟司马懿叫板，诸将说什么呢？“公畏蜀如虎，奈天下笑何！”(《资治通鉴》) 意思就是司马大都督，你怕西蜀就跟怕老虎一样，就不怕天下人耻笑你吗？整天龟缩到大营里面，你也不敢开战，你哪是司马懿啊，整个一“死蚂蚁”！

在诸将的催促之下，五月份，司马懿终于决定开战了。他派张郃带一支部队攻打蜀军南营，自己带一支队伍攻打蜀军北营。蜀军南营的主将是王平，北营的主将是诸葛亮。这样魏蜀两军对战的形势就是张郃对王平，司马懿对诸葛亮。诸葛亮一面安排固守，一面派魏延、高翔、吴班出兵作战，一番激战之后魏兵退却。于是双方继续僵持。不过司马懿心里有把握，“我粮草充足，你没粮草，我就耗着你，粮草用光了你就自然撤退了。”果然，到了六月份，蜀军真的把粮食吃完了，最后没办法，只好全军撤退。

蜀军撤退以后，司马懿又做了一个决策——派张郃去追击。这

王平（?—公元248年），字子均，三国时蜀汉将领，巴西宕渠（今四川渠县）人，官至镇北大将军、汉中太守、安汉侯。为事实上诸葛亮第一军事接班人。

时候张郃又提反对意见，说不能追。《三国志》引魏略说：亮军退，司马宣王使郃追之，郃曰："军法，围城必开出路，归军勿追。"就是把敌人围在一个城里面，不能不给他留出路，你要是不给他留出路，他会跟你玩命，把包围圈留一个口，让敌人撤退，然后在运动中可以把敌人消灭，这比较容易。"归军勿追"就是说敌人撤退的时候千万别轻易追，因为敌人的撤退路径是他早布置好的，追时万一中埋伏怎么办？

司马懿的策略还是反常策略，出敌意料的策略。你以为我不追，我就追。所以司马懿强令张郃要追，张郃无奈，只得去追。结果司马懿这次可失算了，因为诸葛亮在前几次交手当中已经摸准了司马懿的策略了，你不就是要来个意想不到吗？就给你准备着。所以诸葛亮在木门道设下埋伏，张郃追到那儿就掉入包围圈了，史书上记载有八个字，叫做"乘高布伏，弓弩乱发"（《资治通鉴》）。就是蜀军在木门道的高处早就设好埋伏，张郃一来，蜀军万箭齐发，可怜大将张郃猝不及防，连闪的机会都没有，就被射死了。所以评书上讲，大将军不怕千军就怕寸铁，那箭来得快啊，一代名将张郃就这样被射死在木门道。司马懿跟诸葛亮的对决到此就结束了，从整体战略上看，我们认为，司马懿有三点成功，哪三点成功？

第一，祁山解围，目的达到了。

第二，陇西护麦，目的达到了。

第三，逼退孔明，目的也达到了。

虽然在收官阶段，中了人家的招，损失了大将张郃，但是因为前三个目的都达到了，这场战斗打得还挺值的。这一切都来源于司马懿比较准确地进行了选择，从全局上看，司马懿在被动的局面下，面对强大对手，正确选择，以静制动，达成了战役的目的。这非常难得。

我们说，两支队伍的竞争，其实说到底就是两个“一把手”的竞争，而两个“一把手”的竞争，关键在于谁的选择更正确。

而且司马懿当时的处境，和对手诸葛亮是完全不一样的。诸葛亮当时是大权在握，上有皇帝信任，下有百姓支持，内部比较团结，而司马懿当时则不是，他属于新获提拔，上有皇帝猜忌，下有部属不服，旁边还有人打小报告。正所谓“明枪易躲，暗箭难防”啊！司马懿真的是两条线作战，如同“顶着火盆踩钢丝”，上边要烧死，下边要摔死，容不得有半点疏漏。司马懿这辈子遇到的最大的危险不是和诸葛亮作战，而是和上级领导周旋。中国有句老话儿叫“伴君如伴虎”，一不小心就被老虎吃了。而司马懿所伴的虎，还不是一般的虎，那是心机深、下手狠、沟通难的虎，稍有不慎就真的有可能掉脑袋。在这种情况下，司马懿能把这些事情做好了，确实不简单。

那么司马懿是怎么处理上下级关系的？作为一个骨干，他怎样把自己的位置摆正？这里面又发生了哪些精彩的故事呢？请看下一讲。

第二讲

当好骨干有诀窍

团队中，骨干员工的能力往往都比较强。这种人干工作干得棒，但同时也容易与领导之间产生矛盾和争执，甚至引起领导的猜忌。那么，骨干员工怎样做才能和领导处好关系呢？在这方面，司马懿就表现得非同一般。作为曹魏集团的“骨干员工”，在处理领导关系方面，司马懿究竟有哪些高人一筹的谋略和智慧呢？

在团队中，骨干员工常常会受到领导的器重，和领导走得比较近，而这又会带来了一个问题，领导们的脾气性格千差万别，如果说话做事不慎，很容易跟领导之间出现误会，小则影响团队的团结，大则会给事业发展带来损害。那么，骨干员工怎样才能处理好和领导的关系呢？在这方面，司马懿就表现得非同一般，在曹操、曹丕这两位很难伺候的领导手下，无论是做人还是做事，司马懿都拿捏得非常到位，既建立了功业，又获得了领导的认可。那么，司马懿处理与领导的关系的高明之处究竟在哪里呢？

关于骨干员工面临的挑战，首先想请大家反思一个词，这个词叫“鹤立鸡群”。大家想想，一只鹤站到一大群鸡里面，是这一大群鸡难受呢，还是这只鹤难受？

答案很简单，这只鹤难受！那群鸡才不难受呢，所有的母鸡都会想："看看咱们姐妹，腿都一样短，腰都一样粗，穿着工作服还能比个你好看我好看的。再看那只鹤，就它高，就它白，就它腿漂亮，大冬天还光着腿，显得咱们这么难看。怎么办？趁天黑啄它，啄死它，看它以后还怎么挤兑我们！"这叫什么？这叫"领先者压力"。落后的人往往不思进取，首先想的就是把领先的人给折腾死。

所以管理学中有一句话：一把刀最容易豁口的是刀刃，一条枪最容易磨损的是枪尖，一个团队中最容易受到伤害的是冒尖的骨干。

管理智慧箴言

一把刀最容易豁口的是刀刃，一条枪最容易磨损的是枪尖，一个团队中最容易受到伤害的是冒尖的骨干。

所以作为团队的领导，要学会保护刀刃、保护枪尖、保护优秀的人。很多领导都有种错误的理解：优秀的人是强者，强者不需要保护。其实告诉大家，优秀的人是弱者，他面临太大的压力。首先就有人际关系的压力，紧跟着还有学习的压力、进步的压力、工作指标的压力、家庭生活的压力、个人感情的压力，这压力太多了。如果英雄先死了就没人当英雄了；如果榜样倒霉了，就没人当榜样了。只有让英雄不死，让榜样过幸福生活，才会有更多的人当英雄。很多组织当中，对优秀的人都保护得不够，这是不对的。

另一个方面，作为一个冒尖的骨干员工，应该注意人际关系。组织行为学的理论认为，一个人干工作有两种行为，一种叫"任务行为"，一种叫"关系行为"。完成指标、业绩、工作量，交给我的事办好了，这叫"任务行为"。什么叫"关系行为"？就是处理好上下左右的关系，领导满意，员工认可。必须要两条腿走路，哪个也不能偏废。

人生要过得好，必须处理好和“四老”的关系。哪“四老”呢？就是老爸、老师、老板、老婆。小的时候处理好和老爸的关系，上学了处理好跟老师的关系，工作了处理好跟老板的关系，成家了处理好跟老婆的关系。把这“四老”的关系都处理好了，那这日子就幸福了。

因此我们特别强调，骨干员工要摆正位置，处理好关系。司马懿作为一个骨干员工，他在曹魏团队中，是怎样处理好与领导的关系的？

我们要从一个场景说起。

东汉建安六年的夏天，河南温县孝敬里（今属河南温县）司马懿的家乡突然来了几个陌生人，这几个人虽然穿着平常的衣服，但是行踪诡秘、身手敏捷，一看就是练家子、武术高手。这些人的真实身份是什么呢？是曹操手下的刺客，也就是谍报部门的人，这些人奉了曹操的密旨要来办一件大事。这几个刺客一看就是老手，昼伏夜出，不走大路，专钻小胡同。不到几天时间就把孝敬里家家户户的情况都摸了个清清楚楚。这天晚上趁着月黑风高，几个人就来到了一个大宅院旁边。放眼望去，只见这个大宅院气势恢宏，飞檐斗拱，大红灯笼高高挂，一看就是官宦人家。几个刺客趁着夜色神不知鬼不觉就潜入了院中，一直摸到上房旁边，隔着窗缝往屋里看。屋里是什么场景呢？映入眼帘的是屋中的床上躺着一个年轻人，此人二十多岁年纪，面带病容，神情倦怠，一点生气都没有，一看就是得了重病。旁边有个小丫鬟正扶着他喂水。仔细看，这人一口水喝下去，有一大半顺着嘴角都流到衣服上了，病得可不轻啊。几个刺客就一直盯着，等到小丫鬟走了再看这年轻人，还直挺挺地躺在那儿，一动都不动，歪着头，扭着腰，后背底下搁着枕头，就在那儿一动不动，跟条死鱼一样。刺客们心想，这人年轻轻的病成这样，真够惨的，看来是没有希望了。于是几个人互相打了个手势，一转身飞身上墙，就消失到夜色里了。然后再看床上的年轻人，依旧一动不动直挺挺地躺着，但是额角已经冒出了细细的汗珠。这个年轻人就是司马懿。

司马懿这段得病的故事背后有一个不可告人的秘密，要把这个秘密说清楚，就要从司马懿的出身说起。

司马懿出身在豪门望族。司马懿的爷爷叫司马俊，做过颍川太守。父亲司马防做过京兆尹洛阳令，相当于北京市委书记。司马懿的哥哥司马朗，二十二岁就在曹操手下做官，备受器重。而司马懿作为家中的老二，“少有才名”，很年轻的时候就得到了认可。

东汉末年有个“人力资源专家”，此人叫崔琰，崔琰是司马朗的好朋友。有一次，崔琰就跟司马朗说，你这个弟弟的才华能力你可是比不上的。史书上记载，司马懿“少有奇节，聪明多大略，博学洽闻，伏膺儒教。汉末大乱，常慨然有忧天下心。”(《晋书·宣帝纪》) 崔琰又给司马懿做了一个简单评价——八个字。这八个字是“聪亮明允，刚断英特”(《晋书·宣帝纪》)。聪就是聪慧，亮就是诚信，明就是高明，允就是公正，刚就是刚毅，断就是果决，英就是卓越，特就是独特。这八个字对司马懿评价得非常高。

崔琰这八个字的评价一出来，就在社会上引起了轰动，特别是引起了一个人——曹操的注意。曹操有一个重要的理念，做大事要

崔琰（？—公元216年），字季珪，清河东武城（今山东武城东北）人。东汉末年曹操部下。崔琰很有威望，曹操对他也很敬畏。建安二十一年（公元216年），崔琰在给杨训的书信中写道“时乎时乎，会当有变时”，曹操认为此句有不逊之意，因而将崔琰下狱，不久崔琰即被曹操赐死。

靠人才。得一人安天下，失一人乱天下。管理学上讲，任何重大的成功，说到底都是用人的成功。同理，任何重大的失败，说到底都是用人的失败。历史早就证明了这一点。

曹操发现，司马懿是个人才，就派人给司马懿送来了聘书，要聘司马懿到自己手下做重要工作。大家想想，一个二十多岁的小伙子被大领导相中了，要调去“中央”工作，这几乎是现在每个年轻人的梦想啊。但是这可不是司马懿的梦想。如果非要说是个梦想的话，这也是个噩梦。为什么是个噩梦？司马懿早看出来，曹操这个领导可不是省油的灯，不好伺候。给他干工作，干好了不一定有好处，干坏了一定得倒霉。给曹操干工作，那不是摸老虎屁股，那是给老虎擦屁股，擦对了是个死，擦不对更是个死。而且更要命的是，汉代讲究门第出身，司马懿出身豪门望族，曹操家是什么出身？太监家

曹操（公元155-220年），字孟德，小字阿瞒，汉族，沛国谯(今安徽亳州)人。中国东汉末年著名的军事家、政治家和诗人，三国时代魏国的奠基人和主要缔造者，后为魏王。其子曹丕称帝后，追尊他为魏武帝。

庭出身。所以司马懿瞧不起曹操，司马懿想的是，我是官宦人家，你是宦官人家，我才不给你干呢。

管理智慧箴言

任何重大的成功，说到底都是用人的成功。同理，任何重大的失败，说到底都是用人的失败。

大家注意，拒绝是要有策略的，第一考虑手段，第二考虑对象。

领导有两类：

一类叫做“宽容民主型领导”。比如刘备，对这种人可以有话就说，有事就讲，他会因为这份坦诚而开心。

还有一类领导，叫做“专制独断型领导”。对这种领导就不能直接说，尤其当众直说冒犯虎威，他会要你的命，曹操就是这种人。所以对于曹操一定要使用间接拒绝。

我们在与人相处中直接拒绝的方式很简单，表达自己不愿意就行了。比如，一个男生向女生表达感情，女孩子直接拒绝，可以说："对不起，你不是我喜欢的类型。我们不可能！"甚至有人会掺杂比较强烈的个人情绪说："癞蛤蟆想吃天鹅肉！白日做梦！"这是强调主观意愿。间接拒绝主要是强调客观不可能，拒绝的时候就可以说："对不起，我已经有男朋友了！"或者说，我还没到年纪呢。或者我妈妈不愿意。这都属于间接拒绝，比较温和。司马懿对曹操就采取了间接拒绝的方式。不过他的方式十分具有挑战性——装病。

翻开历史大家可以看到，司马懿有个绝活就是装病，从二十多岁装病骗曹操开始，一直到六十多岁装病骗曹爽，司马懿装病骗倒了曹家三代人。司马懿装什么病呢？"不欲屈节曹氏，辞以风痹，不能起居。"(《晋书》) 他装的病叫"风痹之症"，就是半身麻木，生活不能自理。这可够难装的，想想，明明饿了，要装吃饭吃不到嘴里，都洒到地上；明明渴了，要装喝水喝不进嘴里，都流到衣服上；明明想下床，要装行动不便，一翻身滚到地下去。这演技都能上春晚演小品了。

不过司马懿装病给谁看呢？给曹操看，我们这位曹丞相这辈子最恨的就是别人欺骗他。所以曹操心想，"这小子早不病晚不病，我一让你来干工作你病了，是真的还是假的？"所以曹操也有狠招，史书上记载，"魏武使人夜往密刺之"(《晋书·宣帝纪》)。就是曹操派了几个刺客，趁着天黑到司马懿的老家去偷偷地刺探他。这下司马懿可紧张了，这关系到生死之事啊。史书上记载，"魏武使人夜往密刺之，帝坚卧不动。”（《晋书·宣帝纪》）就是司马懿直挺挺地躺在那儿，一动都不动，你人来了我不动，刀来了我也不动，地震、海啸来了我也不动，我就是生活不能自理。结果刺客向曹操汇报说，曹丞相，他真有病。曹操这才算放过了司马懿。所以大家看到，司马懿跟老曹家的勾心斗角从二十多岁就开始了，不容易啊。

司马懿是三十岁来到曹操的手下做官的，一直到七十三岁去世，这四十多年时间里先后伺候过四代领导人：曹操、曹丕、曹睿、曹芳，属于四朝元老。而且在每个领导手下他都是骨干，司马懿能安安稳稳当好四朝元老，最后寿终正寝，这是非常不容易的。

我们一生中会遇到各种各样的领导，每个人的性格脾气都不一样。那么，面对不同的领导，作为员工，尤其是骨干员工，怎样和领导相处是一门大学问。处理好了，就会有利于团队建设，处理得不好，个人事业和团队发展都会受到影响。作为曹魏集体的绝对骨干，司马懿也同样面临这样的问题。那么，他究竟是怎样处理和领导的关系呢？

方法一　勤、谨、忍

总结起来，司马懿当这骨干员工有六个招数，称为“六字箴言”。

首先，对付猜疑型领导，使用三个字：勤、谨、忍。如果工作挺努力，上级就是怀疑，就可以使用这三个字。

按照史书的记载，建安十三年，也就是公元208年，曹操迎来了喜事——当丞相了。人逢喜事精神爽，一转念曹操又想起司马懿来了，于是他又派人去招聘司马懿。这次曹操来个狠的，跟人力资源部负责招聘的人交待了一句话“若复盘桓，便收之。”(《晋书·宣帝纪》) 意思是这小伙子要是再不来，你们就把他给我抓来。大家想想，我们见没见过带着手铐、开着警车去招聘的？而且对比一下，就在曹操招聘司马懿的同一年，公元208年的初冬时节，刘备也去招聘诸葛亮了（你看这两个高人在冥冥中生活步调都是一样的）。刘备招聘诸葛亮那是三顾茅庐，礼贤下士，恭敬有加；曹操招聘司马懿，开着警车，带着手铐，你不来我就把你抓来。通过入职这件事情我们就能看出，诸葛亮的工作环境叫鸟语花香、春风和煦，司马懿的工作环境叫冰天雪地，寒冬腊月。司马懿在这么严酷的环境下能工作四十多年，最后七十三岁寿终正寝，光凭这一点就让我们很佩服。

曹操这回使用狠招来招聘司马懿，司马懿的反应是什么呢？史书上记载，司马懿“惧而就职”(《晋书·宣帝纪》)，意思就是因为害怕而接受了招聘。所以知识分子不怕文盲就怕流氓，一来狠的就害怕了，只好接受吧，这一年司马懿三十岁，成了曹操的下属。

曹操这个领导不好伺候，为什么这么说呢？总结起来，曹操这个人有两个不好伺候的特点。

第一个叫做“自我中心，猜疑焦虑”。关于这一点有很多故事，我们举其中的一个——梦中杀人。

曹操怕别人趁自己睡觉的时候暗害自己，所以跟周围的工作人员说，我这个人有毛病，我喜欢梦里杀人，一做梦就杀人，所以我睡觉的时候你们别离我太近。结果有一次曹操大白天睡觉，睡得很爽，把被子给踢到地上去了。旁边的工作人员上来给曹操盖被子，结果曹操跃起身来，抽出宝刀，“咔”地一刀就把这个人给宰了，血溅了一地。曹操把宝刀一扔，躺下继续呼呼睡觉。过了一会儿，他假装睡醒了，故作惊讶地说，“何人杀吾近侍”？

周围的工作人员说：“曹丞相，是你杀的。”

曹操说：“不可能。”那个年代也没有监控录像，曹操一口咬定说：“不是我杀的。”

大家说：“丞相，就是你啊。”

曹操痛哭流涕地说：“哎呀，我这是梦中杀人，跟你们说了我睡觉的时候千万不要靠近。”最后对死者给予厚葬，优抚家属。结果下葬的时候，曹操的主簿杨修说了一句不该说的话，“丞相非在梦中，君乃在梦中耳！”杨修看出来曹操梦中杀人是装的。所以曹操的疑心特别重，当然杨修也为自己埋下了祸根，领导这点秘密你怎么能随便跟人说呢？

曹操的第二个特点叫做“专制独断，翻脸无情”。我们刚才讲了梦中杀人，接下来第二个给大家讲一个梦醒杀人的段子。曹操经常头疼失眠，长期睡眠不好，白天工作一到下午就犯困。有一次曹操午后又犯困了，来到后帐，后帐有一个宠姬，长得很漂亮。曹操跟她说，我困了，你伺候我睡一会儿觉。于是宠姬就坐在那儿，曹操枕在她的腿上睡觉，“枕而睡之”。临睡之前，曹操嘱咐她说，我下午有会，你一会儿叫醒我。宠姬说好，曹操就睡了。这个宠姬看到曹操累得脸上布满皱纹，鬓角都白了，就起了恻隐之心，很心疼他，看他睡得这么香，就没舍得把他叫醒。结果过了一会儿，曹操醒了，说，哎，你怎么不叫我啊？宠姬说，丞相，看你睡得很香，我没忍心叫你。曹操一拍大腿就站起来了，立刻叫人把这宠姬拉出去，用大棒子给打死了。大家想想，这是什么人啊？刚才还含情脉脉地枕在人家腿上睡觉呢，一转眼就拿棒子把人给打死了，所以曹操就是这种人，专制独断，翻脸无情。

要跟这种又爱翻脸又爱猜疑的人打交道，需要随时注意工作方式。对这种领导，远之则安，亲之则危。就是说跟他保持距离，你还安全；跟他走得越近，越危险。

最典型的例子就是杨修杨德祖。大家都知道杨修之死的故事，一般人认为杨修的死是因为他太聪明，卖弄聪明而死。但是大家想，如果杨修的领导是诸葛亮，是刘备，是孙权，他会死吗？只有当他的领导是曹操这种人的时候他才会死。所以杨修的错误不在于卖弄聪明，他要是在刘备的手下卖弄聪明，说不定还能得到提拔呢。杨修的错误在于卖弄聪明的时候没有考虑对象，跟曹操这种领导你卖弄什么聪明！关于杨修卖弄聪明的事情，我们这里讲三个小事情。

杨修（公元175—219年），字德祖，弘农华阴（今陕西华阴东）人。东汉末期文学家，太尉杨彪之子，以学识渊博而著称。建安年间被举为孝廉，任郎中，后为汉相曹操主簿。后被曹操杀害，时年方45岁。

第一件事，曹操比较喜欢搞一些楼堂馆所的建设，这个特征后来传给了他的儿子曹丕。有一次曹操吩咐下面人建了一个花园，建好之后，工匠请曹操来视察。曹操看完之后，点点头没说话，大笔一挥，在门上写了一个生活的“活”字，写完就走了。这些人不知道是怎么回事，杨修来了看了看然后说，这很好理解，一个“门”字，中间加一个“活”，就是“阔”嘛，丞相嫌你这门宽了，弄窄点吧。工匠们恍然大悟，立刻把门给重新改造了，改造完以后，曹操来了，哈哈大笑地说，你们挺聪明的啊，你们怎么猜的？大家说曹丞相，我们可猜不出来，是杨修杨主任告诉我们的。曹操哈哈大笑，看着很高兴，但内心深记恨之。曹操心想，杨修，你是我身边的工作人员，你怎么能把我这些事随便告诉别人呢？杨修犯忌讳了。

第二件事，曹操有两个儿子曹丕、曹植，曹操不知道谁更有本事。于是曹操玩阴的，猜疑型领导特别喜欢用阴招测试别人。他用什么阴招呢？曹操跟邺城守城的门吏说，过一会儿我两个儿子要出城，你就做一件事，坚决不让他们出去，说什么也不要让他们出去。门吏点头领命。曹操回头把两个儿子叫过来，说，你们俩出城吧，谁出得去算谁有本事。

曹丕来到城门口，门吏死活不让曹丕出去。曹丕无奈，只好转身回去了。

曹植想不出办法，跑去问杨修。杨修说这事好办，你说奉丞相将令出城，谁敢挡你，要他的命。曹植点头，带着宝剑就来了，门吏也不让曹植出城，曹植二话没说，手起剑落，把这门吏给斩了。

曹丕（公元187—226年），字子桓，三国时期著名的政治家、文学家，曹魏的开国皇帝，公元220—226年在位。由于文学方面的成就而与其父曹操、其弟曹植并称为“三曹”。

曹植（公元192—232年），字子建，沛国谯（今安徽省亳州市）人。三国时期曹魏诗人、文学家，建安文学的代表人物。后人因他文学上的造诣而将他与曹操、曹丕合称为“三曹”，南朝宋文学家谢灵运更有“天下才有一石，曹子建独占八斗”的评价。

事后曹操就觉得，曹植这个人比较有能力。不过后来有人告诉他，这招都是杨修给出的。曹操就更恨杨修了。

杨修最要命的是第三件事，杨修是曹操的办公室主任，曹操有很多文字、布告、诏令都是杨修写的，他非常了解曹操的策略、意图和思路。曹操喜欢问儿子们问题，经常问曹丕和曹植关于现在的天下形势、国际斗争、外交风云、救灾任务、目前形势和我们的主要问题。曹植没底，就向杨修求助，说我要是答不上来怎么办？杨修说，别着急，我这儿给你准备好一个问答手册，上面是question（问题），下面是answer（答案），你就背好吧，有问你就答。

结果每次曹操问曹植，曹植都是对答如流，侃侃而谈，而且一语中的。曹操觉得有点蹊跷，结果后来一调查才发现，原来是杨修背地里把所有的重要问题都写在了手册上让曹植背，曹操勃然大怒，拍着桌子说，"竖子安敢欺我？"后来杨修就被曹操找理由给处死了。

管理学研究发现，在领导身边工作，有三大忌讳：

第一，叫做"忌泄漏"。看到领导的心思，随便说给周围的人。

第二，叫做"忌轻慢"。没大没小，言语随便，轻视领导，干工作不当回事。

第三，叫做"忌欺瞒"。耍小聪明，当面一套，背后一套，以为能骗过领导。

杨修这三条都犯了，你说他怎能逃过一死？

我们身边就有这样的人，他们恃才傲物，目中无人，非常高调，这种人如果遇到欣赏他的领导那还好说，而一旦遇到曹操这样的猜疑型领导，就会有麻烦，早晚会出事。杨修的问题就出在爱耍小聪明。那么，面对同样一个领导，司马懿是如何处理他和曹操之间的关系呢？

司马懿是个比较高明的人，在领导身边工作，纵然领导对他特别亲、特别近，司马懿始终小心谨慎。

不该说的不说，不该做的不做。你说司马懿这么努力，曹操应该信任他吧？曹操依然不信任他，而且有一件捕风捉影的事情差点给司马懿带来杀身之祸。

什么捕风捉影的事情呢？那个年代比较讲究相术。有术士说司马懿这个人有“狼顾相”，什么叫“狼顾相”呢？就是人往前走，身子不用动，头可以旋转180度扭回来。用现在话说，这属于颈椎比较好，但古人不这么理解，古人认为，这种面相表明这个人有异志，要造反。于是曹操就安排了一个环节来测试司马懿。司马懿正往前走，曹操安排后面一个人叫“仲达”，司马懿“咔”一回头，真的是身体往前走，头就拧过来了。司马懿脑袋一回头，曹操心里就翻了一个儿，心里断定这小子肯定是有异心，要造反。所以曹操就向曹丕交代，“司马懿非人臣也，必预汝家事。”（《晋书·宣帝纪》）意思是这小子早晚要造反夺你的天下。从这一点我们看出，曹操把司马懿当对手了，起了杀心。

在这种背景下司马懿应该怎么做？猜疑型的领导特别爱听谣传，风言风语、捕风捉影他就当真了。怎么办呢？有人认为，日久事自明，我也不辩解，我也不搭理，让时间来检验。其实这样做是错的。在猜疑型领导手下工作，越是风言风语，越要认真解释，得当回事！所以司马懿决定，用行动为自己解释。怎么解释？首先使用“汗水策略”，更加努力、更加勤勉地干工作。史书上记载，“至于刍牧之间，悉皆临履”。（《晋书·宣帝纪》）就是干工作废寝忘食，一到晚上就熬夜，一到周末就加班，白天晚上连轴转。另外什么叫“刍牧”之事呢？就是放马、喂牛这种低级的工作，都亲自去做。由于干工作干得特别辛苦、特别努力，“魏武意遂安”（《晋书·宣帝纪》）。曹操对他的态度就稍微有点转变了。这是“汗水策略”。

第二使用“搭桥策略”，就是借助曹操信任的人提升自己的认可度。这个人就是曹丕，司马懿和曹丕的关系很好，“太子素与帝善，每相全佑，故免。”（《晋书·宣帝纪》）领导不信任没关系，找领导信任的人，让他替我说话，这就可以了。

所以靠着这个“汗水策略”和“搭桥策略”，曹操终于放了司马懿一马，没有要他的命。有人就替司马懿鸣冤叫屈，人家仲达先生干了那么多工作，那么有本事，越干活领导越挑毛病！你看那些不干活的，领导也不说，也不管。这里面就有一个问题，作为单位骨干，如何理解领导的严格管理？

我们看看《西游记》。《西游记》里师徒四人上西天取经，孙悟空头上戴着什么？紧箍，一念咒孙悟空就头疼。大家想，为什么不给猪八戒、沙僧戴紧箍，偏要给孙悟空戴紧箍？道理很简单，孙悟空是能人，他离开我们，他继续过好日子；我们离开他，我们寸步难行！你说你不变心，你证明给我看啊。怎么证明？戴上紧箍，默默念两声，问他，疼吗？他说，疼死了。好，我放心了。这就叫：

让我攥住你，我才相信你。

那猪八戒、沙僧呢？这二人属于庸人笨蛋，跟着咱们团队到西天就能修成正果，要离开咱们团队，他没前途。这种人可能会偷懒，会磨洋工，但是不会变心。那么对这种人怎么办呢？得给他讲未来。所以唐三藏跟八戒说，八戒，上西天吧，西天可好啦，北京时间三顿饭，纽约时间三顿饭，干的稀的都有，而且咱们公司在九层，嫦娥她们公司在六层。这么一讲，他自然就上西天了。这个策略叫：给能人戴紧箍，给庸人画饼，对有本事的人要加强约束，对没本事的人就得认真引导。

管理智慧箴言

给能人戴紧箍，给庸人画饼，对有本事的人要加强约束，对没本事的人就得认真引导。

你看我们驾驶马车也是一样，驾辕的马就得拴得紧一点，但是拉套的马拴得松一点没关系。所以我们特别强调，很多时候要正确理解上级领导的严格管理，这种严格背后往往包含对你能力的认可和价值的肯定。司马懿就摆正了自己的位置，调整了自己的心态。

说到这儿，我给大家推荐一个管理策略，叫做“蘑菇策略”。大家看有经验的人怎么养蘑菇，他把菌种搁在菌基里边，扔在黑暗潮湿的角落，盖上破塑料布后就不理它了，过两个月一看，那蘑菇长得又肥又大，特别漂亮。如果他三天两头去翻看，这个蘑菇反而是长不大的。很多领导为了培养人才、锻炼下属，会把他搁在一个阴暗潮湿的地儿，扔在那儿就不理了。这个时候，不要有怨气，不要着急，踏踏实实地把该干的事情做好，一定会迅速成长的。我们要有这个心态才可以，司马懿就有这个心态，所以终于等来了自己事业的春天。

相比司马懿的雄才大略，他得到的平台是比较小的，长时间做的都是琐碎细致的秘书工作，不过司马懿正确地判断形势，准确地把握了和曹操关系的尺度，没有锋芒外露，没有满肚子牢骚，而是做到了谨慎、勤勉、忍耐，靠着“勤、谨、忍”的三字经，获得了猜疑型领导的认可。后来曹操去世了，曹丕称帝。曹丕手下有四个台柱子、智囊。这四个人是吴质、陈群、朱铄、司马懿。曹丕上任之后，紧跟着就把这四个人都给提拔了，这一年司马懿四十一岁，这叫“一朝天子一朝臣，新官上任就换人”。司马懿的职务也一层一层往上升，先是尚书，后是督军，接着是御史中丞，录尚书事抚军大将军，而且他的级别也从河津亭侯到安国乡侯。大家注意，关云长汉寿亭侯，才是个亭侯，司马懿这时候已经是乡侯了。

按理，此时司马懿应该是春风得意了吧？没有。司马懿变得更谨慎了，那真是战战兢兢，如临深渊，如履薄冰。为什么呢？因为曹丕这个领导比曹操还难伺候，性格上更有挑战性。那么对付这种领导，司马懿采用的是什么方法呢？

方法二　谦、温、密

我们举两件事情来说明曹丕的领导风格。

第一件事情叫“冤杀鲍勋”。曹丕手下有一个官员叫鲍勋，鲍勋的父亲鲍信和曹操是战友，在跟黄巾军作战的过程中为了救曹操把命给搭上了，尸首都没找回来，后来曹操哭着用木头刻了一个鲍信的样子给埋了。鲍勋就属于烈士遗骨，被委以重任。但是鲍勋在这个工作岗位上得罪了曹丕，鲍勋担任的职务叫魏郡西部都尉，是一个司法官，当时魏郡下面有一个曲周县，县里边有一个姓郭的干部犯了死罪，可是这个干部的身份特殊，是曹丕的小舅子。我们顺道说一句，大领导一定要管好身边的人，什么司机、秘书、助理、大姨子、小舅子，否则这帮人都得下界作乱。曹丕的小舅子犯了错误之后，鲍勋就要处理他，曹丕在邺城，了解这个消息以后就写了好几封说情的信，派人递给鲍勋，让他高抬贵手。鲍勋没有搭理，公事公办，惹恼了当时作为太子的曹丕，曹丕就动用关系，把鲍勋给免职了。

鲍勋（?—公元226年），字叔业，泰山平阳（今山东新泰）人。三国时期曹魏官员，故济北相鲍信之子，官至宫正（御史中丞），后被贬为治书执法。担任太子中庶子时因性情刚正而得罪曹丕，曹丕称帝后又因屡次谏诤而触怒曹丕，最终被曹丕借故处死。

后来曹丕称帝，鲍勋又被重新起用。接着鲍勋就做了第二件错事。大家都知道，曹丕这个人文才很高，他有两个爱好，一个是舞文弄墨，一个是舞枪弄刀。曹丕特别喜欢打猎，对于曹丕用公款打猎这件事情鲍勋非常反感。有一次曹丕声势浩大地又去打猎，鲍勋就拽着车不让走，说曹丕公款打猎，扰民、伤财、杀生、害命，而且玩物丧志，话说得十分狠。曹丕就急了，把鲍勋的奏章拿过来就撕了。鲍勋也急了，抱着车就不让曹丕走，曹丕把他推开继续往前走，鲍勋就在后面跑，一边跑一边说。就这样曹丕又把鲍勋给贬了。

第三次，公元225年的秋天，曹丕决定率大军南征东吴，在南征的军事会议上，鲍勋的倔脾气又上来了。鲍勋说，你爹都做不成的事，你能做成吗？这个南征，空耗资财，好大喜功，穷兵黩武，坚决不能去。当众就这么说曹丕，曹丕脸上哪儿挂得住，立刻就把鲍勋给抓起来了。

曹丕南征回来以后，要杀鲍勋，把鲍勋交给有关部门判刑，有关部门刚开始判“正刑”五年，也就是判五年徒刑。但复议的时候觉得刑判得太重了，改成“罚金二斤”，就是说罚五万块钱就算了，可曹丕不依不饶，非得要杀鲍勋。大家一看傻眼了，鲍勋是烈士遗孤。鲍勋的爹救过曹操的命，鲍勋为官清正廉洁，真为老百姓办事，人家三次提的都是正确意见。所以当时的太尉钟繇、司徒华歆，包括镇东大将军陈群这些重量级人物都上书替鲍勋求情，曹丕就是不同意，就要杀，以至于逼得当时的司法官、廷尉高柔抗旨不遵，就是不处理。曹丕想了一个阴招，派人通知高柔到他办公室来开会。高柔一离开署衙，曹丕立刻派人到监狱里面把鲍勋给弄死了，这叫私刑杀人啊。所以曹丕是一个特别爱记仇的领导，心胸狭隘。

曹丕这种性格更加强烈地体现在另一件事上——“怒杀曹洪”。大家知道，曹操手下的两员大将曹仁、曹洪跟着他南征北战，血雨腥风，立下汗马功劳。当年“诸侯讨董卓”和“潼关战马超”的时候，曹洪那是拼了命救过曹操的。《资治通鉴》记载，曹洪很有钱，但是非常吝啬。曹丕当太子的时候，因为总是宴饮、娱乐、打猎，手头就比较紧，就找曹洪借钱，曹洪不想借。说到这儿我们又讲了，人有钱了之后，得注意跟别人分享，多做点奉献和付出。

曹洪这个人就守不住富贵，有那么多钱不知道跟人家分享，

曹洪（？—公元232年），字子廉，汉族，沛国谯（今安徽亳州）人，是曹操的从弟，三国时曹魏名将。

就不肯借给曹丕。史书的原文说曹丕“贷绢百匹不称意”(《资治通鉴》)。意思是曹丕朝曹洪要一百匹绢，曹洪给了，但是给得不够多。曹丕就恨上曹洪了。君子报仇，十年不晚，后来曹丕当皇帝以后就找了一茬儿要杀曹洪。

满朝文武都震惊了，怎么敢杀曹洪呢？急得曹丕的妈卞太后来找曹丕讲理，“梁、沛之间，非子廉无有今日！”说当年梁沛之间作战，要没有曹洪，哪有我们娘儿几个的今天？大家看三国，诸侯讨董卓，潼关战马超，要没有曹洪，曹操的命都没了，曹洪是顶梁柱啊。但曹丕就是要杀曹洪，后来卞太后想出了一个办法，老太太找到了曹丕的老婆郭皇后，威胁郭皇后说，你去救你叔儿，你要是救不下来，我明天就把你给休了。大家看杨雨老师讲的《侠骨柔情陆放翁》里面知道，古代的老太太是可以休儿媳妇的。老太太说，我明天把你休了，把郭皇后给吓傻了，哭哭啼啼地来找曹丕。曹丕是忠臣讲情不听，大将讲情不听，亲妈讲情不听，哎，一看娇妻来了，这次听了。曹丕说，好吧好吧，不杀了，最后就饶过了曹洪。这件事情让大家心里都拔凉拔凉的。这是什么领导啊？

通过以上几件事情，我们看出曹丕属于记恨型领导。心胸狭窄爱记仇，用私情干工作，而不是出于公心。曹操是怀疑型领导，但曹操的优点是心中有大局。只要下属为的是国家，提的是正确意见，他是看得出来的，心里是清醒的，上海话叫“拎得清”。曹丕这种领导是拎不清，他才不管你是什么忠臣孝子、一心为国、清正廉洁，只要看不顺眼，就一律全杀。

骨干员工在单位里的威信一般比较高，说话也有分量，但这常常会带来一个问题：你有想法，领导也有想法，两人的想法出现了分歧该咋办？如果你遇到的又恰恰是曹丕这样爱记仇的领导，你又该怎么办？在这方面，司马懿就特别聪明，做人做事拿捏得非常到位，结果工作干得漂亮，还得到了曹丕的高度信任。那么，司马懿是怎么处理好与曹丕的关系呢？

在这种领导手下，应该怎么干？“六字箴言”中另外三个字，叫做“谦、温、密”。

“谦”就是谦虚低调，不能骄傲。不管有多大功劳，得夹着尾巴做人，绝不能蔑视领导。

“温”是言语温和，再有理也不能面红耳赤，说刺激的话，得低调说话。

“密”是保守秘密，有什么话私下里说。领导说什么事，都不能跟外人讲，不能随便传播。

司马懿在“谦、温、密”这三个字上做得就特别到位。我们举一个简单的例子，曹丕重用司马懿，提拔他做抚军录尚书事，这个职务搁在现在就是国务院副总理兼国防部长，而且曹丕特别信任他，司马懿屡次推辞不做，就把曹丕弄急了，曹丕说了一句话，“吾于庶事，以夜继昼，无须臾宁息。”（《晋书·宣帝纪》）意思是说我干这些琐碎的事情，废寝忘食，“无须臾宁息”，一点休息的时间都没有，“此非以为荣，乃分忧耳”，我让你当领导不是让你享受荣华富贵，是让你替我分忧受累呢。曹丕说到这个程度，司马懿才就任抚军录尚书事。可以看出司马懿是特别的谨慎谦虚。

后来曹丕对司马懿越来越欣赏，越来越信任，曹丕发的诏书上记载，“吾东，抚军当总西事；吾西，抚军当总东事。”（《晋书·宣帝纪》）意思是，我往东你就在西边留守，我往西你就在东边留守，司马懿在曹丕手下发挥的是萧何的作用，实际上的二把手。

到公元226年，曹丕四十岁英年早逝。临死之前，曹丕把司马懿、曹真和陈群召到崇华殿南堂病床前，把国家的后事托付给这三个人，曹丕对太子说：“有间此三公者，慎勿疑之”。司马懿再一次迎来了自己事业的春天，战战兢兢、低调做人二十多年以后，司马懿终于可以挺直腰杆做点自己喜欢做的事情了。不过，正当司马懿踌躇满志准备大展宏图的时候，突然出事了。

前方传来消息，说新城太守孟达要造反，准备联合东吴、西蜀偷袭曹魏。司马懿对孟达太了解了，咱们有一句俗话，“一涨一落春江水，一反一复小人心。”孟达就是这么个反复之人，司马懿早有了解。问题就在于司马懿看出来的事情，上级领导没看出来。现在孟达要造反，事到临头，到底是先斩后奏呢？还是先请示汇报呢？司马懿很踌躇，先请示汇报吧，怕的是耽误时间，错失良机；先斩后奏吧，怕的是领导不满，落一个擅自行动的罪名，吃不了兜着走！真是左右为难。那么，面对这种突发事件，我们到底是先汇报好呢，还是先动手好呢？司马懿又采取了怎样的方法呢？请看下一讲。

第三讲

突发事件巧应对

团队中，经常会有人捅娄子，面对这类突发事件，如果不尽快解决，就可能造成无法挽回的损失。作为管理者，该在哪些方面做好准备才能将损失降到最低呢？《三国演义》中的司马懿就遇到过这种情况，结果他凭借自己的卓越表现，将一次重大危机转瞬之间化险为夷。那么，司马懿处理突发事件的诀窍是什么呢？

工作中，经常会遇到突发事件。发生这样的事，管理者如果处理得不好，小则影响军心士气，大则给事业发展带来难以估量的损失。那么，出了这类事情，管理者究竟应该怎么办呢？曹魏政权就曾经发生过一次大危机，在魏蜀交战的关键时期，一个人的叛变几乎改变了战争的走向，就在紧急关头，司马懿出场了，他凭借高水平的判断和出其不意的决策，最终把这次重大危机化险为夷，赢得了曹魏集团上上下下的高度认可。那么，司马懿应对突发事件的诀窍是什么？我们现代人又能从中获得怎样的启发呢？

俗话说："天有不测风云，人有旦夕祸福"，一个人要做大事，总难免遇到突发情况。当面对这些突然出现的天灾人祸的时候，一般没有准备的人往往会惊慌失措。用人不当、救援不利、手足无措，都是很常见的事情。不过，看三国历史时你会发现司马懿这个人很了不起，在一些突发事件面前，他表现出了与众不同的经验、思维和做法，这些东西非常值得我们借鉴。

公元220年，也就是东汉延康元年，这一年夏天，魏王曹丕正紧锣密鼓地谋划要自立称帝，正在张罗这件事情的时候，首都来了一个远道的贵客，虽然说没举行什么特别盛大的欢迎仪式，不过曹丕给了这位远方的客人一个特殊待遇，就是安排这位客人和自己"同辇而行"，就是跟领导坐一辆车，这事可非同小可。大家想想，这就相当于你去国外旅行，人家总统带着自己的车到机场来接你，跟你坐在一起，把你送到酒店里面去，这可不是一般的待遇，所以这个特殊的接待标准搞得曹魏政权里很多官员都有点嫉妒了。

更让大家没有想到的是，在见面的时候，曹丕做了一个匪夷所思的举动，一贯严肃的曹丕居然在见面时搞了一个恶作剧。这个举动让包括司马懿在内的所有在场官员都目瞪口呆。这一天，曹丕坐着小辇，穿着休闲的服装，一副轻松愉快的样子，跟客人见面寒暄了几句之后，曹丕突然用手拍了拍对方的后背说："哎呀，你莫不是刘备派来杀我的刺客啊？"这一句话说得周围的侍卫们冷汗都出来了。大家心说，这个玩笑可开得有点大了。按照管理的原理，领导者一般不应该和下属开玩笑，当众随便开玩笑往往会降低领导的权威性，这就是我们常说的"君无戏言"。如果总说玩笑话，将来说正经事的时候，万一大家也以为是开玩笑，那怎么办啊？在中国历史上，开玩笑把江山开丢的例子有不少，比如众所周知的"周幽王烽火戏诸侯"，那就是因为开玩笑把江山给丢了。

而且曹丕这个玩笑开得确实有点大，他说这个人是刘备的刺客。我们知道君无戏言，皇帝的话叫金口玉言，你说人家是刺客，既然是刺客是要推出去杀头的，要掉脑袋的，他居然拿掉脑袋这事跟客人开玩笑。这说明两个人的关系不一般。大家记住，如果在正式场合有人跟你开玩笑，或者用极随便的态度跟你打招呼，那只能说明这个人想当众显示他跟你的关系不一般，有别于常人。曹丕用这种玩笑的方式其实就是想展示他们俩关系不一般，但是说到底，他的火候掌握得不好。

回过头来我们再看这个客人，他是不是吓得战战兢兢、冷汗直流呢？不是，这个人居然轻松自在，没当回事，曹丕说完之后哈哈大笑，这个人也哈哈大笑，两个人手挽着手上了小辇，并排走了。

这个场面让所有在场不太了解情况的人都感觉匪夷所思，大家在想，这个人是何方神圣？怎么曹丕跟他这么亲切？我们回过头想，司马懿在曹丕身边工作了那么久，帮助他登上太子位，辅佐他得了江山，又辅佐他南征北战，也从来没有得到过这种待遇啊？所以我们禁不住问，这个人是谁呢？

这个人就是三国著名人物，姓孟名达，字子度。孟达原来是刘备手下的上庸太守，因为关羽之死这件事情得罪了刘备，当年关羽战局危急的时候，曾经要求孟达派兵援救自己，孟达没派，后来关羽战死，刘备对孟达十分生气。另外，孟达还跟刘备的干儿子刘封在工作当中起了冲突，混不下去了，就带了下属四千余家来投降曹丕。如果这一家按四口人来算的话，四千余家就是一万六千多人。而这个时候曹丕正在紧锣密鼓地张罗着要称帝，胁迫汉献帝把皇位让给自己。特别需要舆论上的支持，向天下表明自己不光有才能，而且有号召力，当皇帝是众望所归。孟达在这个时候来归降，恰恰

孟达（?—公元228年），字子度，东汉末年至三国时期人物。先为蜀臣，后投魏，之后又想再重投蜀汉，被司马懿率军攻灭。

能证明曹丕是人人敬仰的，从这一点上讲，曹丕对孟达是非常认可的。

曹丕对孟达的这种特殊待遇，在曹魏的历史上，我们只见过一次，就是关羽投降的时候，曹操对关羽也是特殊待遇。不过，曹操对关羽是敬重，曹丕对孟达是亲密，用咱们俗话说，那叫“芝麻酱拌白糖，甜上加腻”。很多人根据曹丕的一贯表现，从曹丕对曹植、曹洪自家人的态度能看出来，认为曹丕这个人不怎么重感情，而且是以严肃、严谨著称的，为什么偏偏在一个降将孟达身上表现得这么随意、这么放松呢？我们从心理学和管理学角度研究得出，曹丕对孟达的特殊态度有两个原因：

第一，从工作角度讲，是由于“示范效应”。

曹丕想通过善待孟达、厚待孟达，向全天下人展示说，你看，投降我有好处吧。跟着我，生活上、工作上都能得到很好的待遇，从而吸引东吴、西蜀，乃至全天下的英雄豪杰来归顺自己，这叫“示范效应”。这是从工作角度来讲的。

第二，从生活角度讲，是由于“晕轮效应”。所谓“晕轮效应”，指的是当一个人展示他某一方面优点的时候，往往容易掩盖他其他所有的缺点，一好百好，从而引得所有的人都特别喜欢他。

做个比喻，大家看到，我们现场有很多灯，在漆黑的环境当中，当我们打开一盏灯的时候，它就像天上的星星一样光彩夺目，看上去非常漂亮。但等你关了灯再仔细上前看，会发现玻璃表面落满了灰尘，说不定还有苍蝇屎。但没关系，就算落满灰尘、有苍蝇屎，再次把开关打开，给它通上电，它又是光彩夺目。一盏灯在没通电的时候是很普通的，通了电就像星星一样闪亮。同理，一个人，在不表现优点的时候，走在大街之上就是一个普普通通的人，你甚至都不愿意多看第二眼。但是，当他站在自己的舞台上展示自己的优点的时候，你就会发现他光彩夺目。这就是晕轮效应。晕轮效应在管理工作和日常生活中有很多显著的例子。

最近上海在举行车展，其实，有很多人去看车展不是为了看车，而是为了看人，看车旁边的美女。大家想想，汽车旁边为什么要站一个美女，美女站在那里到底有什么用？专家研究，同样型号、款式、颜色、性能、品牌的两辆车，一辆车旁边不站美女，另一辆车旁边站一个美女。让观众给这两辆车打分，结果发现，站了美女的车，往往让观众感觉质量更可靠，性能更好，开起来更帅！这就是“晕轮效应”，就是说美女把她的美投射到了车身上，当美女闪光的时候，她的晕轮已经覆盖了那辆车，就是咱们平常讲的“爱屋及乌”。一个人在表现优点的时候，不光他的缺点被忽视，而且跟这个人有关的所有的东西都会闪光。

曹丕看孟达顺眼就符合这个规律，因为孟达身上有几个特别闪光的优点，这几个闪光的优点掩盖了孟达的缺点。

《三国志》中记载，孟达“进见闲雅，才辩过人，众莫不属目。”意思是说孟达这个人有贵族气质，举止优雅，长得很帅，而且特别有口才，这几点恰恰是曹丕特别欣赏的。在孟达归降以后，曹丕专门派了人力资源部门一些有经验的官员去跟孟达沟通、交流，这些人给出的结论都说孟达是将帅之才、公卿之气，大家的积极评价也起到了推波助澜的作用。曹丕在这种心理机制的作用下，对孟达的态度如同老百姓讲的“三伏天穿棉袄”，热上加热，特别热情。

司马懿对曹丕的过度热情看在眼里，急在心上。一个成熟的人，在待人接物上，应该保持冷静和理性，不能因为一个人的某些优点，就忽略了他身上的问题。曹丕就缺乏这样的冷静。金无足赤，人无完人，他怎么可能完美无缺呢？而曹丕恰恰认为孟达哪儿都好，忽略了孟达身上存在的很多深层次的问题。

在管理中，我们也会遇到类似的情况，有的员工由于在某些方面具有“闪光点”，从而给管理者造成一种错觉，觉得此人一好百好，从而在使用上充分信任，结果当问题出现时，才发现用人失误，但此时后悔已晚。那么，被曹丕十分认同的孟达的这些“闪光点”，司马懿又有哪些超出常人的看法呢？

社会上流行所谓的“粉丝文化”，有“追星族”，粉丝们看到一个明星或者一个公众人物表演出色、歌声动听、长得很帅，往往由于“晕轮效应”就会以偏概全，认为这人哪儿都好，完全没有缺点，产生盲目崇拜，甚至狂热地追随。这一方面对粉丝自己是伤害，另一方面对明星也不公平。所以司马懿很着急，因为曹丕陷入到这种不良的情绪状态中去了。

司马懿对孟达是什么态度呢？《晋书》记载，司马懿对孟达有个简单的评价，“帝以达言行倾巧，不可任，骤谏，不见听。”(《晋书·宣帝纪》) 这里面有两个关键字“倾”和“巧”。所谓“倾”，指的是善于迎合别人，讨别人欢心。

中国民族是非常善于照顾别人感受的民族。大家记得，我们很小的时候，三四岁左右，邻居家的阿姨来了问，宝贝我问你，爸爸跟妈妈你最喜欢谁？我们中国的孩子会说，都喜欢，哪个我都喜欢。要是阿姨非要问“哪个更喜欢？”问急了，孩子就说，阿姨再见。很小的小孩就知道照顾父母的感受。所以，我们中国人从小就长了一双别人的眼睛，我们做事会考虑别人怎么看；从小我们就长了一颗别人的心，我们说话会考虑别人怎么想。所以我们这个民族是一个人际关系上非常成熟的民族，知道考虑别人怎么看，知道考虑别人怎么想，这是一个人心理成熟的标志。在社会生活当中，如果我们身边有一个人说话、办事全凭着自己的性情，想怎么做就怎么做，不考虑别人的感受，那说明这个人心理不成熟。不过这有一个底线，就是当你迎合别人、照顾别人感受的时候，不能丢掉做人做事的基本原则。我们不能无原则地去迎合别人。司马懿发现，孟达的问题不在于他会迎合别人、讨别人欢心，而在于他会放下原则，放下标准，放下理想、信念、价值观，扔掉最基本的底线，去迎合别人，这种人是小人。所以司马懿认为这种人非常可怕，而且更要命的是，曹丕看不出来。

管理智慧箴言

当你迎合别人、照顾别人感受的时候，不能丢掉做人做事的基本原则。我们不能无原则地去迎合别人。

所谓“巧”，指的是有方法、有手段、技巧高超。我们遇到一个有技巧的人，你跟他谈三国两晋南北朝，古往今来上下五千年，这哥们儿往这儿一坐，口若悬河，滔滔不绝，四个字一组谈半个小时不重样，就像《成语字典》成精了一样。有人会说，有技巧是好事啊。大家注意，有技巧确实是好事，但是卖弄技巧就不是好事了。卖弄技巧这事说小了叫轻浮，说大了叫心术不正。什么事情都不能走极端，特别是跟人沟通这件事，我们认为，沟通的前提不是技巧，不是语言，而是你的真实感受、真情实感，是这些东西。如果扔掉这个真实的感情、真诚的态度，一味讲技巧，那就变成骗人了。所以我们特别要向大家强调，有技巧可以，但要学会刹车，学会控制技巧。要做技巧的主人，不要做技巧的奴隶。就算有再多的技巧，也不能丢了质朴真诚，否则就是“聪明反被聪明误”。

真理都是简单的，真诚都是朴素的，真正的美都有单纯的形式。越是真话越朴素，一个有很高技巧的人，能用朴素的语言说大实话，才叫真智慧。

而司马懿发现孟达这个人就属于一味地卖弄技巧的人，没有底线，没有真诚，是一个反复小人，即便现在不出事，将来一定出事。但是这事曹丕看不出来。司马懿采取了一个非常强烈的态度——“骤谏”，强烈地劝谏曹丕。从这个“骤”字我们就能看出，司马懿态度的强烈，心情的急迫。

管理智慧箴言

有技巧确实是好事，但是卖弄技巧就不是好事了。卖弄技巧这事说小了叫轻浮，说大了叫心术不正。

但是曹丕没有听从司马懿的建议，那么司马懿能不能像我们今天讲课这样，把这些道理都给曹丕摆一摆，讲什么“印象管理”、“晕轮效应”吗？不能。

给领导提意见，有两点特别不要做：第一个是揭领导的短揭得狠，第二个是探领导的心探得准。这一狠一准，不光领导感觉不痛快，周围的人也都不舒服，觉得你这个人没大没小，盛气凌人，趾高气扬。当我们给领导提意见的时候，如果他不采纳，我们应该尽量采取他能接受的方法，不要单刀直入。《论语》中讲君子有五德：温、良、恭、俭、让，其中“温”排第一。“温”是温和，让别人能接受。37℃的体温、四月份的天气，面带微笑、亲切和蔼，容易让人接受，没有这个“温”，后面的事情都无从谈起！一个有思想的人，首先要学会用别人接受的方法谈正确的事情。

所以，司马懿采取了一些比较适当的方法来表明自己的态度，司马懿的方法主要有三个。

生活中常会有这样的人，表面文章做得比谁都漂亮，但当真正用他的时候，往往会出现偏差，给你捅出天大的娄子。司马懿发现孟达就是这样一个人。但现在的问题是，顶头上司曹丕偏偏对孟达青睐有加，同样作为曹丕的下属，司马懿该怎样处理他和孟达的关系呢？

方法一　提前判断，矛盾公开

我们前面讲到，满朝文武都觉得孟达很顺眼，为什么只有司马懿看着不顺眼，难道是众人皆醉我独醒吗？司马懿能做到这一点，那是因为司马懿对孟达的出身、家庭以及他的性格和作风有很深刻的了解。

说到孟达的为人，我们要先谈谈他的家庭。孟达的父亲叫做孟他，官拜东汉凉州刺史，不过这个凉州刺史不是考公务员考上的，而是送礼送出来的。卖官鬻爵永远是一个政权管理当中的痼疾，会给政权的管理带来巨大的危机，而东汉年间，这种行贿、受贿、卖官鬻爵的现象太普遍了。

孟他做官是在东汉灵帝年间，正值中常侍张让大权独揽，孟他想走张让的门路，但自己是一介布衣，没背景、没资源、没名声、没渠道，跟张让的关系是“风马牛不相及”。如何接近张让呢？孟他想了一个特别绝的方法，他找到张让身边的几个家奴，这些家奴都是贪财好利的人，孟他就把自己的家产变卖了，换成现金，送钱

孟他（又作孟佗），字伯郎，东汉扶风郡人，凉州刺史，新城太守孟达之父。

送物给张让的家奴。没有几年的工夫，史书上记载“积年家业为之破尽”。这几个家奴就有点不好意思，问孟他有什么需求。这些家奴以为，孟他送礼物给他们，无非是要钱、要物、要官职，总之应该是有所图的。但是孟他对以上那些东西只字未提，他只提了一个请求，这个请求把张让的家奴们都给惊到了。孟他说，“欲得卿曹拜耳”（《三国志》）。意思就是我只希望你们大家围一圈给我磕一个头。家奴们百思不得其解，心想，孟他这个人为了让人家给他磕一个头，把家都给败了，疯了吗？这些家奴反正整天给别人磕头，心想孟他这个要求太容易了，于是就很爽快地答应了。

第二天，家奴们在张让府门口等着孟他，孟他来得比较晚。当时到张让家走门路的人特别多，“门下车常数百乘，或累日不得通”，交通状况就跟北京晚高峰的马甸桥一样，堵得结结实实的。大家正在这儿堵得着急，孟他来了，驾着一辆小马车，甩着鞭子就来了。家奴们一见孟他来了，表现出一个极其热情的状态，“呼”地一下就上去了，并且做了一个动作，史书上有记载，“皆迎车而拜，径将他车独入。”孟他的车一开进大院，几十个家奴腿一软，“扑通”跪下一圈。这件事让所有在场的送礼的人都震惊了，大家都说：这个人是谁啊？我们在这儿站一天了，这些狗奴才连理我们都不理，这位一来到，满院子家奴都跪下了。这人是张让的干爹还是张让的干舅舅啊？这个人也太厉害了！

于是当孟他出来以后，这些想走张让门路的人就尾随来到孟他家里边，大家拿出金银财宝、古玩字画、房产地契来贿赂孟他。孟他把这些东西造个册，列个清单，原封不动地都送给了张让，张让大喜，立刻拜孟他为凉州刺史。通过这件事情，我们得出一个结论：孟他是一个善于钻营、舍得血本的政治赌徒。

张让(？-公元189年)，东汉宦官，颍川(今河南禹县)人。桓帝、灵帝时，历为小黄门、中常侍、列侯等职。在职时以搜刮暴敛、骄纵贪婪见称，灵帝极为宠信，常谓“张常侍是我父”。中平六年(公元189年)，何进谋诛宦官，事泄，他和宦官赵忠等杀进。不久袁绍捕杀宦官时投河自尽。

司马懿家里世代为官，对于京城官场中那些事了解得清清楚楚。司马懿一见孟达就想起了他的父亲孟他，咱们中国有一句话，“有其父必有其子”，用老百姓的话说就是“龙生龙，凤生凤，老鼠的儿子会打洞。”后来司马懿一考察，发现孟达还真就和他爹一样。孟达最开始靠私人关系投靠刘璋，后来又靠法正引荐投靠刘备，后来混不下去之后又主动投降曹丕。更要命的是，别人投降一次，灰头土脸，垂头丧气，半年直不起腰来，孟达却是投降一次精神一次，越投降越帅，越投降越有精神，而且越投降职位就越高。司马懿发现，孟达就是一个没有原则，没有价值观，只考虑个人得失的反复无常的小人。如果把国家西南边防的重任交给他，把国家安危维系在他身上，万一他拿国家的安危当筹码，在自己的政治赌场上去押去赌，怎么办？所以司马懿认为孟达这个人绝不能重用，于是采取了我们前面讲的“骤谏”曹丕的方法。

大家知道，司马懿这个人是很稳妥，很内敛，很温和的，轻易不会拍桌子瞪眼睛，而他唯独在孟达这件事上拍桌子瞪眼睛了，一反常态，难道是司马懿情绪失控吗？我们讲，这不是司马懿情绪失控，而是司马懿一个很高明的策略，为以后收拾孟达埋下了伏笔，这个策略叫“公开矛盾，为以后做铺垫”。

为了让大家理解，我们举个简单的例子。比如在咱们单位有一个人，人品不端，价值观不正，财务上玩猫腻，工作上弄虚作假，你准备要向上级汇报他。那么在此之前你怎么办呢？假如之前你跟这个人面子上还过得去，见面也打招呼，他讲笑话你也乐，他请客吃饭你也去，见面还能嘻嘻哈哈的，那周围人就会说，看这老马，平时跟老孟关系还挺好的，怎么就偷偷收集老孟的小材料呢？将来有一天你向领导汇报反映说他有问题，大家就会说，看吧，老马这这不是出卖朋友吗？所以说，收集材料变成了阴险，反映问题变成了出卖，完全被动了！

司马懿选择的做法是，既然我将来要收拾你，索性现在我就把矛盾公开。这就是用公开矛盾的办法为将来的行动做铺垫。对于有问题的人，平时不必跟他太亲密，如果你跟有问题的人太亲密了，将来你就没法揭发他、打击他了。所以我们讲，高潮之前要有序曲，动手之前要做铺垫。司马懿跟孟达之间的关系之所以一开始就这么僵，司马懿是故意的，就是为了给将来突然动手做好铺垫。

方法二　确认权威，合理行动

尽管司马懿发现孟达有一些问题，但碍于曹丕的面子和当时的局势，没有采取什么强烈的举动。司马懿一直躲在暗处寻找机会，这机会终于来了。

曹丕是一个短命的皇帝，四十岁就死了。也就是孟达投降不久，曹丕就死了，而朝廷当中欣赏孟达的那些人也都纷纷离世。孟达发现自己势单力孤了，于是又起了反复之心。在这个时候，孟达的好朋友、蜀汉大将李严给孟达写信，诸葛亮也给孟达写信，孟达的心眼就活动了。孟达与蜀汉私通书信、有造反迹象这件事情被孟达身边的申仪发现了，申仪立刻派家人拿着书信向司马懿紧急汇报，说孟达要造反。

得到孟达造反的消息以后，司马懿就面临要不要立即动手收拾孟达的问题。就在这个关键时刻，司马懿的儿子司马师向他提出一

申仪，魏金城太守，申耽之弟，孟达欲回归蜀国时，与兄长一起密告司马懿，消灭了孟达。

个建议。司马师说，父亲，我们应该先给皇帝写一个奏章，把孟达的情况汇报上去，等皇帝批示以后我们再调兵灭掉他。意思就是咱先写一个《关于讨伐反贼孟达的请示》，等上级发来《关于讨伐反贼孟达的批复》以后，再整队出兵。

司马师对司马懿的这个建议非常重要。我们来分析一下，就在讨伐孟达之前，司马懿刚刚被恢复职务不久。那么司马懿为什么会被撤职呢？因为曹魏的新领导人曹睿中了诸葛亮的“反间计”，认为司马懿要造反，所以，免去了他的一切职务。这不禁让我们想起了曹魏第一代领导人曹操对司马懿的态度。当年，曹操也是担心司马懿造反，所以长期把司马懿放在闲职上，不肯重用。可以说，从曹操、曹丕直到曹睿，换了三代领导人，但是这个造反的阴影，一直笼罩在司马懿的头上。在这种情况下，如果不经汇报，私自调动几十万大军，说灭谁就把谁灭了，这岂不是授人以柄吗？所以司马师告诉司马懿，先汇报再动手，别擅自行动。但是司马懿就两难了：如果不行动，再写书信汇报这一来一回速度太慢，孟达早造反了，国家就要陷于危难；如果擅自行动，国家的危难是解除了，可是司马懿个人要陷于危难。我们看到，其实有本事的人想干成点事非常难，一方面要考虑工作，考虑任务，一方面要考虑人际关系，考虑大家的舆论，真是太难了。如何在国家危难和个人危难、工作关系和个人关系中间找到一个平衡点呢？司马懿找到了，司马懿当场就告诉司马师，说不用写汇报，我们立即起兵去灭孟达，我们就要擅自行动。

司马懿为什么要这样做？因为司马懿想清楚了一个问题，曹睿手下的司马懿已经不是当年曹操手下的司马懿了，当年曹操的手下谋士如云，像荀攸、荀彧、郭嘉、贾诩，年轻的司马懿在曹操手下就是个“小虾米”，根本不占主流。但等到了曹睿这一代，可就不一样了，人才凋零，英雄已逝。在西线战场上，曹军屡战屡败，西蜀对曹魏构成的军事压力非常大。整个官僚集团，包括皇帝自己，唯一能指望上的人就是司马懿，此时司马懿已经变成顶天立地的“台柱子”了。我们打一个形象的比喻，司马懿以前相当于楼道里一根无足轻重的水管，现在他就是正房里一根顶天立地的大梁，司马懿的地位那叫“以前靠着墙，现在顶着梁”，大不一样了。

管理学有个规律，权威性跟人际关系的敏感性成反比，越有权威，越不用太在意人际关系。越没权威，越要在乎人际关系。比如现在很多公司都有资深副总，有学生问我说，老师，资深副总和副总有什么区别？我告诉他，有重大区别。一个年轻的副总安排工作，要讲究说话的方式，照顾老同志的感受，说话不能太狠，不能得罪老同志、老员工，不能得罪周围的资深的人。但是，一个资深副总就不需要这样，他安排工作可以说狠话，可以拍桌子，即便来点激烈的大家也能理解，因为他资深。所以一旦是资深人士就不用太在乎人际关系了。我们给大家的建议是，凡是复杂的、涉及好多部门的综合性的工作，一定要安排一个资深的领导居中调度，因为只要把他往这个位置一搁，上上下下人际关系的牵制就会比较少，可以把注意力都集中到工作上面去。

管理智慧箴言

权威性跟人际关系的敏感性成反比，越有权威，越不用太在意人际关系。越没权威，越要在乎人际关系。

司马懿发现，自己现在就属于“资深人士”，根本不用考虑那么多关系，先把工作干成，一俊遮百丑。所以，权威性就是自由度，权威性有多大，自由度就有多宽，有本事的人发脾气，那叫个性，没本事你敢发脾气，那叫找死。司马懿在判断完自己的权威性以后决定，立刻调动大军前去讨伐孟达。在这里，我们也提醒大家，遇到突发事件的时候要不要擅自行动，得先判断一下自己的分量够不够，权威性足不足。

突发事件发生时，如果大领导不在家，那么下级管理者就要判断形势，敢于决策。但这样做的前提条件是，你必须要有独立解决问题的能力，否则处理不当，必然会造成领导和同事们的不信任，对个人的发展带来不利影响。司马懿就有这个自信，他果敢判断并迅速做出了决策。那么，为了应对孟达兵变这个突发事件，司马懿又会给我们带来怎样高超的应对方法呢？

方法三　借人借势，速战速决

司马懿在准备讨伐孟达的时候，使用了第三个方法，这个方法叫做“借人借势，速战速决”。大家看《三国演义》或者《三国志》会看到，司马懿消灭孟达其实不是靠自己，而是借助了几个人。

第一个人是曹魏的右将军徐晃徐公明。《三国演义》记载，司马懿领着大军奔新城灭孟达，半路上碰到了徐晃，徐晃下马躬身施礼，问司马懿这是要到哪里去，司马懿低声说孟达要造反，我前去捉他。徐晃主动请缨说，某家愿为先锋。司马懿说好，那你打头阵。

徐晃带着自己的部下就奔新城了。到了城下，孟达一见魏军来了，立刻拉起吊桥，徐晃马快，收马不住冲到了吊桥前。徐晃指着孟达说，反贼孟达，快快受降。孟达大怒，拈弓搭箭，嗖的一箭，正中徐晃的脑袋，徐晃大叫一声中箭落马，当天晚上重伤而死。徐晃那么大一个大将军就死在了反复小人孟达的手里，每次看完这一段我都特别不服气，大英雄死得这么不值，后来翻《三国志》才发现，徐晃是病死在他们家床上的，根本就没有参加新城擒孟达的战役。那么我们问一个问题，为什么历史上徐晃没死在孟达手里，罗贯中却非要把他写成死在孟达手里？

徐晃（？—公元227年），字公明，河东杨（今山西洪洞东南）人。三国时期曹魏名将。曹丕称帝后，徐晃被加为右将军，于公元227年病逝，谥曰壮侯。

第一，凸显反贼的罪恶，激起群众的义愤。

第二，给司马懿擅自调兵增加合法性。大家记住，如果事情紧急，你不经领导同意，突然做一个工作，来不及汇报，最稳妥的办法就是再拉上一个德高望重、领导认可的人，拉着他一起干，这叫“拉赞助”。有了这个赞助，权威性、合法性就会上升。所以《三国演义》中写徐晃加入战斗，是为了强调司马懿擅自行动的合法性。

司马懿借助的第二个人是咱们前面提到的申仪。司马懿发现，孟达是个小人，那么怎么管住小人呢？管理学有个说法，叫做“用价值观管高人，用制度管普通人，用人盯着小人。”对于高人，要用理想、信念、价值观、使命感，给他传达伟大的理想、崇高的人生境界，这样就可以把他管好，他会自发自觉自愿地去干。对于一个普通人，就得有奖励、有惩罚，定个制度，才能把他管好。对于一个小人，讲价值观他不听，讲制度他不信，有机会就会钻空子，这时候怎么办？得派一个人盯着他。所以我们管理人，有价值观的手段，有制度的手段，也得有人盯人的手段。什么理想信念、忠君爱国，这些东西根本就管不住孟达，考核、检查、奖励、惩罚，这些东西也管不住孟达，必须找个人盯着他。找谁呢？找申仪。因为申仪也是个小人，也是个叛徒，以前是曹魏的太守，打了败仗后投降西蜀，后来在西蜀混得不得意，又回过头来投降曹魏，就是这么个小人。司马懿采取的方法叫“用小人管小人，用老鼠盯着老鼠”，这个和武则天对待身边的小人采取的方法是一致的，同类人盯着同类人，利用他们互相牵制。我们中国民俗文化中有一个说法“钟馗打鬼”，钟馗也是个鬼，这叫用鬼来打鬼，用狗盯着狗，用耗子来管耗子。所以司马懿就利用申仪盯着孟达，通过申仪随时了解孟达的情况。

管理智慧箴言

用价值观管高人，用制度管普通人，用人盯着小人。

司马懿第三个借助的人，一个是孟达的外甥邓贤，一个是孟达的亲信李辅。这两个人在关键时刻开城投降，造成了孟达全线崩溃。所以我们经常讲，最坚固的堡垒都是从内部被攻破的，团结问题永远是大问题。司马懿发现了孟达内部管理的弱点，孟达是个反复小人，反复之人有一个最大的特点：越是亲密的人，关系越不稳定，最容易遭到来自身边人的反对。所以司马懿就策反了孟达的身边人，这是一个低成本、高效率的作战方法。

紧接着司马懿在整个战役当中找到了一个关键的问题，就是速度。大家要记住，不等领导指示就擅自行动，动作一定得快。如果慢了，即便成功了，领导也不高兴，要追究你的责任。所以司马懿就决定，一定要速战速决，他做了三件事。

第一，亲笔给孟达写了一封信安抚孟达。信中写道："将军昔弃刘备，讬身国家，国家委将军以疆埸之任，任将军以图蜀之事，可谓心贯白日。蜀人愚智，莫不切齿于将军。诸葛亮欲相破，惟苦无路耳。模之所言，非小事也，亮岂轻之而令宣露，此殆易知耳。"说国家对孟老弟高看一眼，我们人人都很认可你，你长得又帅，能力又强，人见人爱，花见花开，不要到别人家去，我们都喜欢你。接着说，蜀汉政权那帮人恨你恨得咬牙切齿，他们不可能再接受你，你不要听信谣传，我们不相信你会投降。孟达拿到这封信以后心里有底了，一松懈就给司马懿机会了，这叫"出其不意，攻其不备"。

第二，司马懿加快行军速度，"倍道兼行"，白天晚上都走路。从宛城到上庸新城，一共是一千二百里路，曹魏大军走得特别快，只走了八天就走到了。

第三，到了新城之后二话不说，立刻组织攻击。《晋书》记载，上庸城三面环水，易守难攻，孟达又组织人在水边立了好多粗大的木栅栏。司马懿指挥部队渡水破栅，"八道攻之"，整个队伍分成八条线，一起往城上攻，就像《亮剑》里的李云龙打县城一样，没有主攻方向，哪儿有敌人哪儿是主攻方向。结果打了多长时间？"旬有六日"，十六天。从这一点上我们看出，孟达的战斗力还不错，在司马懿的八道攻击之下能坚持十六天，但打到最后，邓贤、李辅开城投降，孟达也被斩首了。

我们算一算，司马懿整个战役用了多少天？走路用了八天，打仗用了十六天，加在一起二十四天，不到一个月就干净漂亮地解决了孟达。司马懿消灭孟达，不光是为国家除去了一个大患，而且给司马懿带来了巨大的声誉和权威，整个曹魏政权，原先支持他的人更加支持他，原先反对他、担心他要谋反作乱的人，现在也不得不承认司马懿的才华和能力了。老百姓有一句话叫“是骡子是马拉出来遛遛”，行走江湖的人有一句话叫“钱压奴婢手，艺压当行人”。有本事你拿出来，你拿不出来我们就不信你。司马懿通过这场漂亮的二十四天歼灭战，获得了满朝文武的一致认可，大家都觉得司马懿这个人真的是擎天白玉柱，架海紫金梁，是当朝的栋梁。

消灭孟达以后，司马懿紧接着面临第二战，就是再次跟诸葛亮开战。此时的西线战场曹魏军队已经是一败再败，而且诸葛亮在这次出祁山的过程中采取了新的战法、新的攻击路线。在诸葛亮巨大的军事压力之下，曹魏军队内部士气低落，人心涣散，司马懿首先得解决士气问题，紧跟着还要解决作战战略、策略问题。那么，司马懿是怎么激励队伍的士气，他又采取哪些策略来抵抗诸葛亮的进攻呢？请看下一讲。

第四讲

鼓舞士气有良方

当一个团队面对挑战或变化时，常常会因为巨大的压力而出现士气低落的情况，调整不好，就会影响到事业的发展。那么，单位领导者应该怎样做才能把大家的情绪调动起来呢？在这方面，三国时期的司马懿就是一个高手，那么，司马懿在鼓舞士气上究竟有哪些高超的管理智慧呢？

有一些人经常会因为遇到困难和问题而发愁，情绪不高，这样的人多了，就会形成团队士气整体低落的局面。作为管理者，如果不能及时发现和找到解决办法，就会出现人员不和、效率低下等不良后果，极大地影响了团队的建设。当出现士气低迷这样的棘手问题时，领导者首先要站出来想办法。在鼓舞士气这方面，司马懿做得很出色，在与诸葛亮的多年征战中，他掌握了一整套切实可行的有效办法，并屡屡付诸实践，取得了非常好的效果，最终力挽狂澜，帮助魏军一次次渡过难关。那么，司马懿在鼓舞士气方面究竟有哪些良策可供我们现代人借鉴呢？

“人心齐，泰山移，人心散，没法干。”

做大事情必须得有资源，但同时更重要的是要有人心、有凝聚力。不怕没资源，就怕没信心。一个成功的人，他从最开始就坚信自己的成功；同理，一个失败的人，他从最开始就会坚信自己的失败。贫穷、失败、挫折，其实是一种心理模式。做大事，必须从最开始，就得坚信自己能够成功。在连续的作战当中，如果大家对未来的信心都没有了，那肯定就没有未来了。司马懿二战诸葛亮的时候，就遇到了人心不稳、士气低落的大问题。

曹魏青龙二年，也就是公元234年，这一年对司马懿来说特别漫长。这年二月，诸葛亮统领十万大军出斜谷，与司马懿在五丈原对阵。这一次，诸葛亮的战法跟以往有所不同，以前他的战法是集中兵力决战，力求一战定胜负。但这一次诸葛亮采取的战法却是和风细雨，一边打仗，一边搞生产运动，开荒种地，且耕且战，做长久打算。这就把司马懿搞得很郁闷，不怕拿刀枪，就怕扛锄头，不怕上战场，就怕下农田。司马懿深深明白，一旦对手有了长期坚持的资本，自己就会失去最后的优势，好不容易坚持到了夏末秋初，战场形势终于有了点变化。司马懿敏感地发现，蜀汉部队开始主动前来挑战、寻找战机了，经验告诉司马懿，敌人的粮草快没了，不然不会这么着急，一旦对方很着急，必定有问题。所以司马懿派出侦察兵一侦察，果然是敌人粮草接济不上，这下司马懿心里有底了，越是这样，我就越不打，我把你粮草耗没了，你自然就败退了。司马懿一直闭门不战，结果诸葛亮就给司马懿用了一个狠招。

这一天司马懿正在中军大帐里批文件，旁边的侍卫进来报告，说西蜀大营来了使者，而且还给大都督带来了礼物。结果把礼物呈上来一看，是一个盒子。打开盒子，里边居然是一套女人的衣服，上边还放着一封诸葛亮的亲笔信。信中写道：“仲达既为大将，统领中原之众，不思披坚执锐，以决雌雄，乃甘窟守土巢，谨避刀箭，与妇人又何异哉！今遣人送巾帼素衣至，如不出战，可再拜而受之。倘耻心未泯，犹有男子胸襟，早与批回，依期赴敌。”这段话的意思是说，司马懿你作为大将，不应该躲到营里面不跟我打。你这种行为跟一个女人有什么区别呢？我特地送你一套巾帼素服，如果你再不敢迎战，你就把它穿上吧。如果你司马懿羞耻之心尚在，男子襟怀犹存，就应该像个男人那样去战斗，你带着队伍出来迎战吧。

看完这封信以后，曹魏军营中众将都急了，这简直是奇耻大辱。司马懿当然知道，诸葛亮使用的这招叫激将法。结果这招没让司马懿中招，却让满营众将中招了，把司马懿搞得很被动。司马懿现在面临的选择就是打还是不打，从理性上讲应该不打，如果选择打就中了诸葛亮的计了。但是，如果不打，第一，有损士气，损伤将士们的战斗积极性；第二，让大家说你真是个女人，胆子那么小，会损失自己的威信。诸葛亮给司马懿用的策略是“两面惨”，等于告诉司马懿，你要是动手就让我把你打死，你要是不动手，你就把自己憋死。司马懿进退两难，不过司马懿不是平庸之辈，他最大的长处就是能在被动的情况下找到出路，稳住阵脚。人这一辈子，顺风顺水的时候你高歌猛进，那都不算本事；逆风逆水，走背字的时候，你能心态正常，找准出路，临危不乱，那才叫本事。在这一点上，司马懿确实值得我们佩服。

管理智慧箴言

人这一辈子，顺风顺水的时候高歌猛进，那都不算本事，逆风逆水，走背字的时候，能心态正常，找准出路，临危不乱，这才叫本事。

其实激将法的原理很简单，就是激发对方强烈的情绪反应，诱使对方上钩。一个人在有激烈的情绪反应的时候，会行为失控，决策混乱。心理研究早就发现了，人一旦有了不良情绪，决策质量和行动质量都会明显下降。最常见的有三种情形。

第一是忧伤。人在伤心的时候，成本意识淡薄，分不清高低贵贱。所以建议大家在心情不好的时候不要逛街买东西，容易买贵了。刚失恋了，不要立刻就结婚，容易嫁错了。

第二是激动。人在特别激动、特别兴奋的情况下，容易失去基本的理性，失去判断力，特别容易偏听偏信。所以，特别激动的时候，不要做重大决策，特别激动的时候，容易走极端做错事，因为人在激动的时候容易丧失判断力。

第三是疲惫。人在疲惫的情况下，容易失去主见，特别容易被别人操纵。

比如你去看电影，看一部忧伤的片子，出来买东西就容易买贵了；看一部激动的片子，热血沸腾，出来脑子一热，就会做一个重大的错误决定；看一个通宵电影，看得疲惫不堪，出来就被门口那人给骗了。这就是人性的弱点。所以一个掌握资源、掌握权力的人，一定要记住，保持情绪的稳定才能做成大事。

诸葛亮的激将法就是使用各种各样的技巧、谋略，激发对手的情绪不良反应，只要对手失常，就有机会了。面对诸葛亮五花八门的策略，司马懿就一个招——闭门不战，假装看不见。司马懿通过这个策略来保证自己不掉到危险的境地里面去，我们管这种策略叫“支点策略”。在复杂的形势下，如果对局势判断不清，分析不透，就执行自己最基本、最安全的一个策略，这个策略在管理学上也叫

“刺猬法则”。司马懿实际上就是用刺猬法则打败诸葛亮的。

刺猬法则是这样讲的。据说狐狸带着《孙子兵法》三十六计去抓刺猬，第一招狐狸用的是“笑里藏刀”，把自己装成病人，等着刺猬来探望。离刺猬老远的时候，狐狸冲他乐，等刺猬走近了，趁其不注意，狐狸一龇牙就扑上去了。刺猬傻傻的，见狐狸扑过来不知道该怎么办，突然想起小时候妈妈教给自己一招——“关键时刻，团起一团竖起刺”。于是刺猬立刻团成一团竖起刺，一下把狐狸爪子给扎了。

狐狸很郁闷，决定采用第二招“诱敌深入”。狐狸装扮成糖果商，把刺猬引到自己的窝前面，调动邻居家四五个狐狸一起向刺猬扑过去了，刺猬关键时刻没有别的，就妈妈教的一招“团成一团竖起刺”。结果把好几个狐狸都给扎了。

第三次，狐狸决定使用出其不意，假装成一个流浪歌手，在路边唱着童年的歌谣，刺猬听着歌蹦蹦跳跳地从路边走过，狐狸突然扑了上去，刺猬还是“关键时刻没别的，团成一团竖起刺。”这一次，狐狸不光爪子受了伤，心都受伤了。狐狸简直太郁闷了，熟读《孙子兵法》三十六计，用了这么多高级招数，居然打不过一个土刺猬。

狐狸用了N多种方法，貌似很高级，刺猬只有一个方法，貌似很土，但是刺猬的这种方法简单可靠，应用娴熟，随时能做到，调动资源少，成本非常低。这个策略就叫“支点策略”。在复杂的斗争、复杂的工作当中，事前你得先定一个支点策略，以便当你乱了方寸、看不清形势的时候，有一个安身立命的保证。

司马懿的支点策略就是能打则打，能战则战，打不了战不了就闭门不出，等敌人粮草用尽，自然撤退。司马懿在每一次形势危急的时候都用这一招，而且每一次都很管用，这就是司马懿的高明，不去玩那些五花八门的花活儿。面对诸葛亮的不断挑逗、激将，司马懿还是决定使用这个支点策略，不出战，让对手无懈可击。

不过，现在有一个新问题，虽然司马懿没被激将法击中，但他的部下被击中了。司马懿虽然可以继续使用“刺猬法则”不出战，但一直不出战，万一下属有意见，伤害他们的积极性，又影响自己的威信，这怎么办？

> 面临突发事件，单位的员工常常会茫然无措，期待老板能尽快拿出好的解决办法，如果老板动作慢了，他们就会牢骚满腹，觉得老板没能耐缺乏魄力。这个问题解决不好，就会影响团队士气，不利于工作的开展。此时的司马懿就遇到了这个棘手的问题，面对诸葛亮的激将法，虽然自己心里有数，但队伍的士气却越来越低迷，在这种局势下，司马懿会想出什么针对性的办法来呢？

所以司马懿在坚持不出战的同时，采取了三个策略，来稳定部队的士气和情绪。

策略一　保持一致，引入权威

在队伍情绪不稳、士气低落的时候，领导者跟大家保持一致是最重要的，大家吃苦耐劳，领导也要吃苦耐劳，大家热血沸腾，领导也要热血沸腾。所以当战士们面对诸葛亮的侮辱书信，摩拳擦掌、义愤填膺的时候，司马懿第一个跳出来，拍桌子、瞪眼睛，当众表态，要为光荣而战，为荣誉而战，像男人那样去战斗！

司马懿的表态让大家心里很有底。但是在开作战会议的时候，做完作战方案，司马懿说，我来之前皇帝不允许我出战，现在作战方案定完了，得向皇帝请示一下。于是司马懿写了一个关于开战的请示，附上作战方案，八百里加急送回首都交给曹睿。

曹睿心领神会，立刻派主管司法的一位刚直的大臣辛毗到前线来督战。辛毗说是督战，其实是督不战。曹睿亲笔给司马懿写了一封圣旨，圣旨上面写道："但坚壁拒守以挫其锋，彼进不得志，退无与战，久停则粮尽，虏略无所获，则必走矣。走而追之，以逸待劳，全胜之道也。"（《三国志》）就是等待敌人粮尽退兵，我们以逸待劳，乘胜追击，这是获得全胜之道。辛毗来了就往门口一站，手持圣旨，就不让任何人出战。司马懿在那儿咬牙跺脚，磕头作揖，暴跳如雷，辛毗还是不让他出去。

辛毗，字佐治，颍川阳翟人。本居陇西(郡治在今甘肃临洮县)，起初事袁绍、袁谭，后分别担任曹魏政权的丞相长史、侍中，封关内侯、广平亭侯、颖乡侯，食邑三百户，后为卫尉。公元234年，诸葛亮屯兵渭南，魏明帝任辛毗为大将军军师，加使持节号。

这两人演的双簧，别人都没看出来，但是被诸葛亮看出来了。所以说高手下棋，一见你出什么招就知道你脑子里是如何盘算的。诸葛亮手下的大将姜维就向诸葛亮汇报，“辛毗杖节而至，贼不复出矣。”说辛毗拿着圣旨堵在门口，看来司马懿是不会跟我们作战了。诸葛亮说，“彼本无战心，所以固请者，以示武于其众耳。”司马懿不是不能战，他是真不想战。司马懿之所以表现出一定要请战的样子，是为了稳定军心，稳定士气，那是做样子，是唱双簧。

通过这件事我们看得出来，司马懿用心良苦，一方面努力请战，保护士气。另一方面，又制造了一个皇帝不让打的局面，保护部队不陷入危险境地，暂时稳住了士气之后，司马懿又使用了第二个策略。

策略二　借助暗示，输出信心

《三国演义》有一段特别有趣的描述，青龙二年的春天，前方来战报，诸葛亮三十万大军，五路出祁山，这战报让魏主曹睿胆战心惊，连忙把司马懿请来商量退敌之策。司马懿来了之后，笑眯眯地跟小皇帝说，“臣夜观天象，见中原旺气正盛，奎星犯太白，不利于西川。今孔明自负才智，逆天而行，乃自取败亡之道也。”(《三国演义》) 大家注意，在军前会议上，司马懿跟皇帝没谈政治、军事、民政、外交、战略战术，他跟皇帝谈起了星象，这很奇怪，而且很搞笑。这就相当于我们在座的一个学生，问赵老师今年考研的情况怎么样？我也不给你划重点，也不跟你谈分数线，我上来就问你是什么星座，听上去很搞笑。

司马懿为什么要谈星象呢？有人说司马懿是妖言惑众，自己信心不足，所以故弄玄虚。其实不是的，司马懿自有他的道理，因为他发现，曹睿其实懂军事。以曹睿所处的位置和他积累的信息，前线战报估计都看过一百八十遍了，掌握了这么多信息，为什么曹睿还那么心慌着急呢？只能说明他的战斗决心和战斗意志不足。司马懿跟曹睿谈星象这个策略就叫做“不谈信息谈信心”，使用心理暗示的方法鼓舞他的战斗意志，这一点很高明。

重大事情发生之前，如果我方心慌意乱了，此时就需要心理暗示。所谓心理暗示，就是用一种间接的、含蓄的方法，对被暗示者产生正向的影响。我来给大家解释一下这里面的暗示机制。

大家在日常生活中会发现一个现象，就是打哈欠会传染，当你打哈欠的时候，别人受了暗示，他就会跟着打哈欠。或者都甭打哈欠，我就对着你说，哈欠，哈欠，哈欠，你很快就会打哈欠，这就是心理暗示。人会不知不觉受这种暗示的影响，而这种影响的力量是一个重要的管理资源。

《三国演义》中最著名的心理暗示故事就是“望梅止渴”，曹操大军去征张绣，当时八九月份天气，酷热难当，部队行动缓慢。这时曹操策马走到阵前，对全军将士说，我刚才看到了不远处有一片梅子林，梅子红红的，又酸又甜。全军将士听完这话以后，满口生津，精神振奋，立刻就往前进了。这就是心理暗示的方法。高明的领导、优秀的老师、出色的教练，都很善于用心理暗示的手段鼓舞他人。

在我们的日常生活中，也有很多非常有效的心理暗示的例子。比如夏天快来了，各位家里都要安装空调了。有一家工厂夏天开工了，工人都是从附近农村招募来的小伙子。这些人平时习惯了野外作业，在车间里呆着总觉得又闷又热，即使开了空调，也总是抱怨新鲜空气太少。聪明的厂长想了个办法，就是在空调出风口系上一条轻薄的绸子条，看着这条绸巾不断飘动着，大家立刻感觉凉爽了很多。这就是心理暗示的作用。建议大家夏天开空调的时候，出风口那个小绸子条别拿走，就拴在那里，效果很好的！

另外，在日常的教育和管理中，也有一种特别不好的心理暗示倾向，就是贴标签、恶意批评。小孩本来没技巧、不会做事，你可以耐心教他，但是如果你给他贴上标签，说这孩子真笨，这孩子智力不行，这样过早地贴标签进行不良的心理暗示，结果很可能会葬送孩子的未来。管理和教育是一样的，遇到问题、发生情况的时候，多用支持性的手段，多帮助多理解，少贴标签，尤其不能上来就恶意批评。爱心和理解永远是管理和教育最重要的基础，没有这个基础工作就白做了。

司马懿实际上在用一个特别好的心理暗示影响曹睿，那个年代科学不发达，人们对大自然和人类社会的很多规律不了解，他们喜欢运用一些神秘主义的手段来控制风险和了解未来，而星象学就是一个很好的暗示资源。用星象学暗示政局或战场形势，大家一旦接受了暗示就会表现得非常好。日常工作中的心理暗示一定要有三个具体的特点和技巧。

第一个是简短有力，不能太长。

第二个是正向积极。要暗示对方表现得很好，不能说对方表现不会很糟的。如果是走路，要说你走得很好，不能说你一定不会摔跟头，否则对方真会摔个跟头的。

第三个是强烈肯定。比如你要上演讲台，你要说，我一定会讲好的。通过不断暗示自己，你可能就会讲得很好。

司马懿跟曹睿说，天象对我们有利，奎星犯太白，孔明又白来，中原气旺，我们很棒。讲完之后不光皇帝相信了，全军都相信了，这个话一流传开，士气就上升了。

司马懿还用了第二个方法，来暗示他的下属。史书上记载，司马懿关于诸葛亮出兵有一段话，“亮若勇者，当出武功依山而东，若西上五丈原，则诸军无事矣。”（《晋书》）意思是说，诸葛亮要勇敢好斗，他应该出武功，依山而东，那样我们就危险了。如果他西上五丈原，咱们一定能胜利。结果诸葛亮真的西上五丈原了，于是曹魏全军欢声雷动，说司马大都督简直太神了，我们一定能成功。其实，诸葛亮西上五丈原这件事情，从军事角度来讲是很容易预测出来的。司马懿故意把这件事情和我们可以成功的信息连在一起，这个技巧叫做“暗示小未来，增加大信心。”当我们的队伍没信心的时候，故意找出一个很容易预测的事情，说给大家听，大家发现你预测得很准，信心就会立刻上升。所以说当领导最重要的是维护大家的心理状态。低了要把它抬高，冷了要把它调热。很多时候，成功不是资源问题，是信心问题。有资源的人如果没有信心照样失败。

管理智慧箴言

很多时候，成功不是资源问题，是信心问题。有资源的人如果没有信心照样失败。

在保证了士气，暗示了信心以后，司马懿使用了第三个策略，这个策略就更加了不起了。

员工士气低落的原因，除了信心不足之外，也有很多时候是情绪不好造成的，现代社会竞争激烈，大家普遍感到压力大，而这更容易造成情绪的不稳定。不仅员工，管理者也存在这个问题，如果情绪不佳，将会给事业发展带来不利影响。面对诸葛亮的挑战和羞辱，司马懿和部下就遇到了士气低落这个问题，那他究竟会想出什么好的解决办法来呢？

策略三　调整情绪，合理解释

司马懿要调整的情绪不光是全军的情绪，还有他自己的情绪。领导也是凡人，他也有郁闷、伤心、绝望和失落的时候，在这种不良情绪下，首先得把自己调整好了，才能把队伍带好。

司马懿使用了两个方法，第一个叫做“乐观导向”。

关于司马懿的“乐观导向”，我们可以通过他和弟弟司马孚的一段家书看到端倪。司马懿在跟诸葛亮大战的时候，他弟弟司马孚心里不放心，就写信来问他前线的战况。《晋书》记载，司马懿亲笔给司马孚回了一封信，专门谈诸葛亮的问题。

我们来看，司马懿是怎样评价诸葛亮的。司马懿说，“亮志大而不见机，多谋而少决，好兵而无权，虽提卒十万，已堕吾画中，破之必矣。”“志大而不见机”是说诸葛亮有远大理想，但不会抓住机会。“多谋而少决”是说他想得多，决策得少。更要命的是“好兵而

司马孚（公元180 — 272年），司马懿之弟，自曹操时代起，就任文学掾，而后历仕魏国五代皇帝，累迁至太傅。西晋代魏后，司马孚进封为太宰，晋帝司马炎对他十分尊宠，但他不以此为荣，至死仍以魏臣自称。

无权”，就是说他带队伍不知道权变，不掌握变化，不知道授权。因此司马懿就说诸葛亮“虽提卒十万，已堕吾画中，破之必矣”，意思就是，你别看他有十万大军，已经掉到我的圈套里了，我一定可以把他打败。

后世有人评价，认为司马懿狂妄自大。其实从管理学角度来分析，司马懿这种方法叫做“乐观导向”。在危急时刻，通过这种相对乐观的表述和心理暗示，能够提高战斗力，提高士气，提高业绩表现，让自己做出积极的行为，而且乐观是能够制造出来的。

有一项特别有趣的研究。专家找了两组同学看一组漫画，在看漫画的时候，让第一组同学叼着铅笔看，让第二组同学正常看，看完之后让两组同学给漫画打分。结果发现，叼着铅笔的同学觉得漫画更好玩，更有趣。研究发现，人嘴里叼着东西的时候，嘴角两边的肌肉上翘，脸上会有一种微笑的表情。当脸上有微笑的表情时，心里就有微笑的心情，从而产生快乐的想法，这就是行为导向。所以我给大家个建议，如果你今天不开心，你就对着镜子乐一下，乐着乐着你就开心了。这叫不快乐就装快乐，装时间长了就是真快乐，不聪明你就装聪明，装时间长了就是真聪明，当然了，装傻时间长了就是真傻。

司马懿信中写诸葛亮“堕吾画中，破之必矣”，其实就是一个行为导向的例子。他想用这种积极的语言、乐观的状态来引导自己战斗的信心和必胜的信念。一个成功的人，在没有开始战斗之前，就有强大的心理能量，相信自己一定成功，而且可以用这种能量鼓舞所有的人。大家看历史上那些战神，像凯撒、拿破仑、岳飞、戚继光，这些人都是心理能量强大，非常善于输出胜利信念的。一旦有了乐观和自信，那么局势就真的有可能朝着自己努力的方向发展。这叫做“成功从心开始”，真正的成功者，在内心世界里，从一开始就要拥有强大的心理能量，相信自己一定成功，即使遇到再多苦难也不失去信心！成功是一种发自内心的信念。

司马懿就是在用这种信念引导下属相信我方一定成功。但是，头脑中的信念总要经受现实的考验，一旦上了战场，被人家诸葛亮打得鼻青脸肿以后，真的失败了怎么办，如何解释？这就是司马懿的第二个高明之处，失败之后有一套很好的解释系统来调整自己的心态。

公元234年的秋天，诸葛亮在五丈原军中病逝，这个消息被蜀军封锁了，司马懿不知道。诸葛亮去世之前嘱咐蜀军将领，让蜀汉大军分层次分批有序地撤往汉中。《晋书》、《三国志》和《资治通鉴》

都记载，在蜀军撤退过程中，司马懿不敢贸然出兵，他怕中了诸葛亮的圈套，吓得没敢追。关于这一段历史，《三国演义》写得更有趣。《三国演义》第104回“陨大星汉丞相归天 见木像魏都督丧胆”中写道，西蜀的大军已经退走了，在确认真的没有异常之后，司马懿才和儿子司马师、司马昭率领部队冲上五丈原，闯进西蜀大营，发现营里面空空荡荡，蜀军真的撤退了，司马懿很开心，立刻组织司马师、司马昭在后面督促步兵和辎重部队，自己亲自率领轻骑兵打头阵，就追了下来，刚追到山下，就看到了西蜀的队尾，正当司马懿奋力追赶的时候，突然山后面有一声惊天动地的炮响，紧跟着伏兵四起，蜀军的队尾转过头，奔向司马懿就冲过来了。关键时刻，树影之中飘出一杆中军大旗，上书一行字——“汉丞相武乡侯诸葛亮”，那旗下几十员大将就簇拥着一辆四轮车出来，车上坐着一个人，羽扇纶巾，正是诸葛亮，司马懿一见大惊失色，差点没从马上掉下来。司马懿转身就跑，姜维在后面大喊，说贼将休走，这声音传得很远，在山谷里回荡，吓得司马懿以为漫山遍野都是追兵的声音。曹军一见大都督跑了，兵败如山倒，几万魏军自相践踏，死伤无数。司马懿狂奔出去五十余里，被两个赶上来的魏将勒住了马缰，司马懿见是自己人，摸着脑袋说了一句特别崩溃的话——“我有头否？”意思就是，老弟，你看我脑袋还在吗？魏将安慰他说，都督休怕，西蜀军已走远矣。司马懿喘了口气说，哎呀，吓死我了。于是，当地老百姓就流传了一个非常著名的民谣，叫做“死诸葛吓走活仲达”。这一段故事只有《三国演义》里有记载，《三国志》、《资治通鉴》包括《晋书》里都没有记载，相信这是小说作者的虚构或者是夸张，为了神话诸葛亮，丑化司马懿。但“死诸葛吓走活仲达”的民谣，史书上却有记载。

大家想，司马懿听到这个民谣以后会是啥心情？假如一个地方首长、企业老总听到下边有人传民谣，骂自己，会是什么情绪？这一点司马懿就很了不起，他一没有气急败坏，二没有垂头丧气，三也没有组织力量去追查这个谣言的来源。《晋书》上记载，“帝闻而笑曰，吾便料生，不便料死故也。”就是司马懿听完民谣之后笑嘻嘻地说，我这人能算计活人，我可算计不了死人，这很正常。

从他这一笑我们就能看出，司马懿有一个优点，就是胸怀宽广。被别人嘲笑，被别人骂了，他不着急，“将军额头跑快马，宰相肚里撑大船”。我们管这叫“原谅别人的不原谅，理解别人的不理解，接受别人的不接受。这样才能当领导。”我们现在有些领导，别说容不下一条船了，连根绳子都容不下，连滴水都容不下，动不动就暴跳如雷，司马懿在胸怀方面确实有值得我们佩服的地方。

管理智慧箴言

原谅别人的不原谅，理解别人的不理解，接受别人的不接受。这样才能当领导。

司马懿不光有胸怀，他还想得开，从管理学上分析，是他善于在失败的情况下进行合理的自我解释。一个人这一辈子不容易，我们的人生就像黄河一样，九曲十八弯，历尽千折百回才能奔流入海。过日子每天都会有烦恼，每时每刻都会有挫折和失落，用流行语叫“人在江湖漂，哪能不挨刀”，问题是挨完刀砍以后，你还睡得着，还乐得出来吗？有些人挨完刀之后，睡不着，乐不出来，于是一辈子生活在痛苦当中，在这一点上我们要学习司马懿。

人的一生中，失败犹如家常便饭，是常有的事，有的人能客观积极地面对，有的人常常深陷在失败的阴影中不能自拔。因为失败而导致的情绪不佳甚至情绪失控，对事业、健康危害都是巨大的，那么，我们怎样做才能尽可能少地掉入情绪失控的陷阱里呢？在这一点上，司马懿做得很好，在经常被诸葛亮打得抱头鼠窜的情况下，他依然能够情绪稳定、积极面对，始终保持着一个良好的心态，那么，他究竟是凭借什么做到这一点的呢？

说到这儿，我给大家讲讲日常生活中的一个规律，司马懿就是按照这个规律来做的，所以他能成功。

我们经常说一句话，"狐狸吃不到葡萄，就说葡萄酸"，通过说葡萄酸，让自己心里舒服一点，这种方法叫否定。还有一种更强烈的否定，吃不到葡萄就说谁吃葡萄谁倒霉，当不上领导就说谁当领导谁倒霉，娶不到美女就说谁娶美女谁倒霉。这种否定的方法从眼前看，有一定效果，但从长远看，这是一种不良情绪，容易造成心理扭曲，甚至有攻击社会、反社会的倾向。那么狐狸吃不到葡萄，还有没有其他反应呢？

我们说，狐狸吃不到葡萄，除了否定之外还有三种心态也是不健康的。

一是暴躁型狐狸。这种狐狸吃不到葡萄就想，哪个滥人把葡萄种在这儿，连吃都吃不着，哼，我吃不着，别人也甭想吃，于是狐狸弄壶开水，要把葡萄浇死，结果被巡逻队拿大棒子给打死了。

第二种是倔强型狐狸。这种狐狸说，我就不信我吃不到葡萄。吃不到怎么办？吃不到我蹦，我蹦，我蹦蹦蹦。结果狐狸筋疲力尽，吐血而亡，临死之前看了一眼葡萄，狐狸点点头说，至少我死在奋斗的路上。

第三种更要命，是忧郁型狐狸。这种狐狸吃不到葡萄，风吹着葡萄树"哗哗"地响，有一片叶子落到狐狸的脚下，狐狸拿起叶子，叹口气说，哎呀，今天吃不到葡萄的是我，他日吃不到葡萄的不知道是谁，这辈子连葡萄都吃不到，还有什么意思，不如我也变成葡萄吧。于是狐狸把自己挂在葡萄架上自杀了。

我们认为，否定型、倔强型、暴躁型和忧郁型是人面对挫折、失败最常见的四种心理不良倾向，程度轻的生活不顺利，心情郁闷，程度重的引发精神失常，甚至真的要跳楼自杀。但是，挫折和失败又是生活中的常事，我们经常说要受点挫折教育，挫折教育的目的不在于让人受挫折，而在于受完挫折之后，能不能学会应对的方法，提高自己抗击打的能力。

那么怎么应对呢？我们建议大家采取四种比较积极的应对方法。

第一种叫做改进。失败是人生的营养品，挫折是进步的基石。狐狸吃不到葡萄，会想，我吃不到葡萄是因为我跳不高。于是，狐狸参加袋鼠的跳高培训班后吃到葡萄了。再者狐狸说，我吃不到葡萄，为什么鸟能吃到？因为它会飞。于是狐狸参加蝙蝠的滑翔培训班，后来它也吃到了。这就叫改进，当你遇到困难了，你想一想，为什么别人都不失败，就你失败了？有哪点需要改进？然后积极想办法弥补自己的不足。

管理智慧箴言

失败是人生的营养品，挫折是进步的基石。

第二种更简单，叫做替代。狐狸吃不到葡萄，就想，我到小松鼠家去买葡萄干，不是一样嘛，我还可以吃荔枝、龙眼、桂圆、橙子、橘子、柿子、李子、栗子、梨，都可以，有的是好吃的嘛，我为什么非要吃葡萄呢？这就是替代，“天涯何处无芳草”，没有你我也一样活得了，退一步开阔天空。

第三种叫做合理化，这一条司马懿用得最多。狐狸吃不到葡萄，对着葡萄想，我吃不到葡萄，天下好多人也都吃不到葡萄，连那狮子、老虎兽中之王也照样吃不到葡萄呢，那怕什么，下次就吃到了。挫折失败是人生的影子，走到哪儿跟到哪儿，这没有什么。

最后一个是最重要的，叫做升华。遇到挫折失败的时候，应该学会把它转化成前进的动力、创新的动机。比如狐狸吃不到葡萄，狐狸就想，哎呀，吃不到葡萄，怎么看这葡萄越吃不到就越觉得它好呢？于是，狐狸写了篇论文，论文的题目叫《论美的本质以及美的不可实现性》，狐狸变成哲学家了。

或者，狐狸想，这葡萄要是跟西红柿一样属于灌木，爬在地上，我不就吃到了？于是狐狸写了一篇论文，《论葡萄的灌木型栽培技术》。狐狸变成植物学家了，还获得了联合国粮农奖。

第三，狐狸吃不到葡萄，在树下瞅着葡萄，越看越心动，越看越感动，于是狐狸在葡萄架下写了一首长诗，《啊，葡萄》，狐狸变成文学家了，而且开创出一种新的诗的体裁，叫“葡萄体”。

所以，成功的人会转化，把挫折、失败转化为前进的动力、人生的营养。而失败的人有一种固定的思维模式，失败了以后，恨国家、恨社会、恨自己。在人生的路上，如果被眼前一个小土坷垃绊了个跟头，我们是站起来继续前进呢？还是围着那土坷垃又咬牙又跺脚，又吐唾沫，这一辈子就在这儿了？人不怕挫折，不怕逆境，关键在于你怎么去应对。尤其现在物质生活好了，孩子们没有那么多痛苦，没有那么多困难，在锦衣玉食的日子里，真得受点挫折教育，摔打摔打。挫折教育不是为了摔打一下，而是摔打完了以后，让他学会怎样去看待，怎样去解释，怎样去分析，这才是最重要的。

管理智慧箴言

成功的人会转化，把挫折、失败转化为前进的动力、人生的营养。

司马懿很了不起，被诸葛亮打败了，被众人嘲笑了，司马懿认为这很正常，所以合理解释给自己一个心理支点，这是社会生活中很重要的品质。

而司马懿不光有一套自我解释系统，他还会赞美对手。《三国志》记载，等西蜀大军都撤退以后，司马懿带着队伍就进入到诸葛亮的大营，看诸葛亮的中军大帐，看他的餐厅、卧室、厨房，看完以后，司马懿给诸葛亮一个评价——天下奇才。这就是司马懿的高明之处，他使用的方法叫做赞美对手。尤其是强大的对手，越赞美越有利，赞美对手有三个好处。

第一，展示你的胸怀。人家把你打趴下了，然后你能赞美他，认可他，这是大将风度。

第二，留有余地。你赞美对手，说他很强大，在他打败你以后，你就比较有理由，不至于太丢人。

第三，隐性自夸。那么强大的对手，最后不还是被我打败了？说明我更了不起啊。

所以，赞美对手一举三得，我们要学会在媒体、公众、下属、上级等各种场合，去认真地赞美对手。

依靠稳定的情绪管理、强大的战略规划，司马懿终于击退了诸葛亮，熬到了成功。下棋有两种胜利方法，第一，是你把对手打败的。第二，是对手输给你的。司马懿不是把诸葛亮打败的，而是诸葛亮输给司马懿的，输也不输在才华、能力上面，输在哪里呢？输在了身体上。司马懿比诸葛亮大两岁，司马懿活到七十三岁，诸葛亮比司马懿小两岁，只活到五十四岁。所以说，“世界是属于我们的，也是属于你们的，但归根到底是属于长寿的人的。”司马懿的策略就是，我打不过你，我比你健康长寿，我熬着就行了，最后终于在公元234年的秋天，诸葛亮去世了。

司马懿听说诸葛亮去世，涕泗横流，既痛心又高兴。诸葛亮的去世，首先让司马懿终于可以不必再面对强大的对手，胆战心惊，总担心人家把自己打败，曹魏的西线战场终于解除了巨大的军事压力，可以缓口气了！这是好事。

但是，从另一个方面来讲，诸葛亮去世给司马懿提出了一个更大的挑战。我们前面说，司马懿可以擅自调兵，不管曹魏内部的人际关系，不顾上下评论，因为有诸葛亮在，没人能打败诸葛亮，必须要司马懿才能打败诸葛亮，所以司马懿凭着这一点就可以擅自调兵。换句话说，诸葛亮的存在客观上巩固了司马懿在曹魏的管理地位。而如今诸葛亮死了，中国历史上有句话叫“飞鸟尽，良弓藏，狡兔死，走狗烹”，曹魏政权不再需要司马懿了，司马懿好比打虎的英雄，但是如今虎都没了，满山都是猫，你这个英雄还能保住自己的地位吗？所以，在诸葛亮去世以后，司马懿又面临一个新的人生考验，就是如何在新的形势下进一步巩固自己的地位和权威？司马懿到底是怎样做的？他又有哪些经验值得我们学习呢？请看下一讲。

第五讲

竞争矛盾巧化解

在职场生涯中，同事间的激烈竞争，常常会导致意想不到的矛盾，如何才能化解矛盾，并在竞争中领先，是很多人百思不得其解的难题。三国时期的司马懿也曾经面临这样的境遇，那么他是如何化解同事间的竞争矛盾呢？又是哪些策略帮助司马懿在激烈的内部竞争中抢占了先机呢？

在职场生涯中，任何人都不可避免地要面对同事之间的竞争。激烈的竞争常常会导致很多复杂尖锐的矛盾，而这些矛盾一旦处理不当，就很可能会给我们的工作生活带来大麻烦。因此，要想在激烈的内部竞争中领先，不光要有过人的实力，还必须能够处理好竞争所导致的各种矛盾。其实三国时期的司马懿，也曾经面临和我们同样的境遇，那么，他是如何化解同事之间的竞争矛盾呢？又是哪些策略帮助司马懿在激烈的内部竞争中占据了先机呢？

俗话说，“五指伸平比长短，荷花出水争高低。”意思是说人都有一颗攀比之心，只要人跟人在一起，就忍不住想跟别人比一比。大家看汉字的“比”字怎么写，两个“匕首”的“匕”，这叫“比字两把刀，伤人又伤己。”一个总爱攀比的人，第一会对被攀比的对象产生羡慕嫉妒恨，第二，自己会受内伤。人生的规律是：往下比一比会有幸福感，往周围比一比会有进取心，如果总是抬头往上比，会越比越失落，比来比去就受内伤了，所以人得善于调整心态，才能活得自在舒心。

不过还有一句话，“树欲静而风不止”，你不跟别人比，别人跟你比，你不跟别人较劲，别人跟你较劲。如果我们事业成功，就会有人羡慕、嫉妒、恨。面对周围这些人跟我们的攀比之心，应该采取怎样的应对措施呢？我们来看看司马懿是怎么做的。

关于这个话题，我们要从曹丕之死谈起。

古人说，男人“三十而立，四十而不惑”，是说人到了四十岁，有了稳定的价值观和判断标准，就不会产生迷惑了。不过这句话不适用于曹丕，公元226年，也就是曹魏黄初七年，曹丕四十岁，但曹丕四十岁这一年他特别迷惑。这一年曹丕南征孙吴，大军远征没有取得战果，收兵回来后准备去许昌看一看，因为那个时候他的首都已经建在洛阳了，许昌是他从小长大的地方。就在他准备去许昌的时候，出了一件事情——许昌城的城门无故自崩，就是在没有任何外力作用下它自己塌了。这件事情让曹丕心里很不舒服，就没有进城。那以我们今天的观点看，可能是许昌的城墙年久失修，下雨墙塌了是很正常的事。为什么曹丕会心里不舒服呢？这里面有一个深层的原因。

曹丕当年和曹植争太子，曹操在两人之间游移不定，总确定不下来人选。曹丕心里没底，西方人心里没底就找心理医生，中国人心里没底就找算卦的，于是曹丕就找了一个占卜之人，也不说什么事，就让这个人给他算。占卜先生给曹丕一算，说公子命贵不可言，曹丕大喜过望。曹丕心想，大事定矣。后来曹丕又跟了一句，问算卦先生自己寿数几何，先生给他掐指一算，说曹丕到四十岁这一年当有小苦，过后无忧矣，也就是我们平常说的四十岁是个坎儿。曹丕就把这句话记住了。而公元226年曹丕正好四十岁，心里本来就比较敏感，许昌城门崩塌这件事情让曹丕产生了联想，有了不好的预感，所以曹丕就不开心了。当然这都是表层原因。

还有一个更主要的深层原因。公元225年，曹丕做了一生中最大的一件事情，就是组织军队南征孙吴，要完成父亲曹操没有完成的事业，统一江东六郡八十一州。曹丕这次出兵的规模非常大，《三国志》记载，“临江观兵，戎卒十馀万，旌旗弥数百里”，沿着江边检阅部队，人数有十多万，飘扬的旗帜浩浩荡荡有好几百里。大家知道，曹丕是很著名的文人，当时还写了一首诗，我取诗中间的几句，大家可以感受一下曹丕当时的心情。

“观兵临江水，水流何汤汤！戈矛成山林，玄甲耀日光。猛将怀暴怒，胆气正从横。谁云江水广，一苇可以航。”

通过这句诗我们可以看出，曹丕当时豪情万丈，对这次南征志在必得。

不过，靠写诗无法改变局面。曹丕要南征，首先考虑的是天时，他是秋天兴兵，避过了春夏，为什么呢？因为春天瘟疫流行，夏天气候炎热，一个瘟疫一个气候，让曹魏在南征过程中吃尽了苦头，赤壁大战的时候就爆发过瘟疫，后来建安二十二年，夏侯惇、臧霸南征，到了居巢，又爆发瘟疫，司马懿的哥哥司马朗就是在这次瘟疫当中，因为慰问得病的将士而被感染，病死在军中的，时年四十七岁。

所以，曹魏以后兴兵，都要避过春夏而选择秋天。不过这次曹丕南征天时不给力，公元225年，秋天特别短，冬天来得很快，而且温度特别低，刚过了立冬，就起了寒风，西北风一刮，开始下雪，水面就冻上了。曹丕准备好的大型舰船都被冻在军港里，根本没法驶进长江。结果曹丕呕心沥血安排的一次南征，只得半途而废。那真是开始得轰轰烈烈，结束得冷冷清清。曹丕因为这件事情特别受打击。

更坏的情况是，在曹丕撤退的过程中家里又传来一个噩耗——曹丕的爱子曹健夭折了。我们常说人生最悲惨的是“白发人送黑发人”，何况曹丕那时候还不是白发人，才四十岁，眼瞅着宝贝儿子去世，曹丕的心都碎了。事业和家庭的双重打击，再加上往返检阅部队、组织南征过程中的劳顿，曹丕一下就垮了下来。本来一开始是小病，结果越治越严重，到了公元226年的夏天，就已经病得起不了床了。眼看着身体情况不行了，曹丕立刻召来了四个人，首先就有抚军大将军司马懿，另外三个人分别是中军大将军曹真、镇军大将军陈群、征东大将军曹休。在病榻前，曹丕把后事托付给这四个人，这四个人就成了托孤大臣，公元226年5月丙辰日，曹丕在洛阳嘉福殿去世，这一年司马懿四十七岁。

此时的司马懿已经今非昔比，从当年的小小秘书变成了托孤大臣。中国有一句话，“男人四十五，生龙又活虎”，司马懿在自己四十七岁的时候迎来了事业的春天。不过，这个春天可不是一般的春天，是一个危机四伏、暗流涌动，潜藏着杀机的春天。为什么这么说呢？大家看托孤大臣的人员组成，就会发现，曹丕在病重期间琢磨出的这四个人选真是煞费苦心，四个人中，一个曹真，一个曹休，是曹姓族群中最优秀的两个年轻干部，是本家人、宗亲。另外两个人，一个陈群，一个司马懿，是当年的“太子四友”（司马懿、陈群、吴质、朱铄）中的两个，忠诚干练，在曹丕夺位受禅当中有很大的贡献。所以曹丕临终托孤打的算盘就是，老曹家的人和忠诚的外臣一起共同辅佐新皇帝，老中青三结合，是很好的一支队伍，希望大家内外一心，同心同德，把事业做好。不过这都是曹丕的一厢情愿，大家只要翻一翻唐宋元明清的历史就知道，托孤大臣之间的斗争历来都是最激烈的，在这四个人当中，根本不可能有实质上的团结，反而会产生巨大的矛盾冲突。司马懿看在眼里，记在心上，但脸上一点没有流露出来。

司马懿是如何知道这种矛盾冲突的复杂性的呢？是因为“臧霸事件”。

臧霸（约公元165—230年），又名奴寇（据《魏略》），字宣高，泰山华县（今山东费县方城镇）人。三国时期魏国名将。

熟悉《三国演义》的朋友一定知道臧霸这个名字。臧霸是曹操手下的一名大将，先是帮助吕布，后来又归顺曹操。曹操在官渡之战中打袁绍的时候，臧霸帮助曹操在后方组织，向前方输送部队和给养，而且把特别难以控制、难以驾驭的青州兵管理得井井有条，贡献非常大。后来曹操统一北方以后，臧霸又把工作重点转向南线作战，跟随张辽一起南征，破居巢，讨陈兰，大败韩当，在历史上很有名。当时韩当也是孙权手下的名将，结果被臧霸打得大败。于是到了公元216年，臧霸就受曹操委任，和大将夏侯惇一起主持南线的防御工作，任中都将军，地位非常高。

曹丕继位以后，夏侯惇已经去世了，曹休就被任命为南线的主将，叫做都督青徐诸军事，变成了臧霸的上级。有一次曹休来见臧霸，臧霸是一介武夫，直筒子脾气，说了一句不该说的话。史书上

曹休（？—公元228年），字文烈，沛国谯（今安徽亳州）人。三国时期曹魏武将，曹操的从子。公元228年，曹休在魏吴石亭之战中大败，不久因背上毒疮发作而去世。

记载，臧霸当时说，“国家未肯听霸耳！若假霸步骑万人，必能横行江表。”（《三国志》）就是说如果能给我骑兵、步兵一万人，我一定能在长江两岸横行。其实臧霸说这句话还是挺忠心的，也挺实在的。结果说者无意，听者有心，曹休觉得臧霸威信比自己高，功劳比自己大，能力比自己强，这个下属不好带，得修理修理他。臧霸说完之后，曹休当场没表态，事后添油加醋地就在皇帝面前狠狠地奏了臧霸一本，这下麻烦了。

曹丕收拾臧霸的办法也很高明，他并没有直接夺臧霸的兵权，毕竟臧霸手中十几万人，夺是不好夺的。曹丕就借鉴了当年刘邦对待韩信的办法，假装东巡，让臧霸来汇报工作，等臧霸来了以后，直接削去他的兵权，任命了一个执金吾的虚衔。但是给臧霸的爵位特别高，在曹操手下的战将当中这应该是排名第一的。这就相当于我虽然夺了你的权力，但是我给你荣华富贵，你安享晚年就可以了。臧霸这个人确实很忠诚，一点怨言都没有，默默无闻、认认真真地去做执金吾的工作了。曹休凭借一句话就收拾了臧霸，这叫“借题发挥”。臧霸事件给司马懿有两点启示。

第一点，不管皇帝怎么信任，他对带兵的大将总有一防。

第二点，千万不要随便乱说话，病从口入，祸从口出，管不住口的人都做不了大事。

身在高位的人，很容易树敌，很容易招致别人的忌恨。咱们中国老百姓说，“不怕贼偷就怕贼惦记”。人家要想算计你，那机会多得很。往往是一句话不谨慎，甚至是一个词不合适，就会被人家小题大做，造成不可收拾的局面。

古人有一个观点，强调做大事的人需要“慎言修口”，就是说话要谨慎，千万不可口无遮拦。关于“慎言修口”的例子，中国史书上有很多，我给大家推荐一个最著名的，记载在《隋书》中。隋朝有个大将叫贺若弼，贺若弼的父亲贺若敦是北周大将，坐镇一方，贡献很大。但是这个人口无遮拦，结果有一次他说话得罪了权贵，被人家添油加醋给汇报了，最后被逼令自杀。临死之前，贺若敦让儿子把舌头伸出来，贺若弼不知道父亲要做什么，就把舌头伸出来了。贺若敦二话没说，拿锥子“扑嗤”一下在贺若弼的舌头上扎了一下，血立即就流了出来。贺若敦是想告诉贺若弼，祸从口出，以后千万不要乱嚼舌头。这是中国古代关于谨言慎行中最著名的一个例子。

我也亲眼见过，有的年轻干部，才华横溢，能力出众，但是在工作中口无遮拦，只图一时痛快，不考虑时间、地点、对象，想说什么说什么，很多朋友都劝他注意，但他依然我行我素，自认为自己这样做很有个性，结果引得领导反感不说，还给想算计他的人提供了机会，最后只能黯然离职。

做人做事就像写字一样，有正楷，有行书，也有草书。但正楷一定是基础，在不确定对方阅读水平和接受能力的情况下，正楷是最合适的选择。同理，我们要注意，在面对复杂矛盾和比较激烈的冲突局面的时候，应该学会用“正楷”的方式去做人和说话，而不是用“草书”的方式去做人和说话。

我们处在一个表达的时代，互联网给我们提供了表达的平台，大家开个微博，谁都能传播消息，想说什么说什么。但是说出去的话，泼出去的水，真的要谨慎三思，切莫乱说。人得对自己说的话负责任，当你真的动情绪、想说想骂的时候，先沉下心、稳住气想一想。我们说言论自由，但言论这种东西，需要的是发表，不能发泄，更不能排泄。这是一个重要的区别。

管理智慧箴言

我们说言论自由，但言论这种东西，需要的是发表，不能发泄，更不能排泄。

司马懿在这方面做得就非常好，他长期在一把手身边工作，而且一度受到怀疑和猜忌，在这种情况下，他当然知道慎言的重要性。我们看到《三国志》、《晋书》以及《资治通鉴》中有好多资料都记载，在司马懿整个职业生涯当中，关于个人情绪、个人待遇他从来没有谈过，就算是谈工作，态度也是比较低调，点到为止，言简意赅，没有个人情绪的表现。

在今天激烈的职场竞争中，“慎言修口”是保护自己的关键，越是身居高位的人，越要管好自己的嘴，否则很容易被他人抓住把柄。可是，要想在内部竞争中抢占先机，不管住嘴不行，只管住嘴却还远远不够。那么，为了化解激烈的内部竞争所产生的矛盾，司马懿还有哪些高超的谋略和智慧呢？

策略一　高调做事，低调做人

谈到这件事，我们就要进行一点比较，“不比不知道，一比吓一跳。”那么跟谁比呢？当年曹丕手下有“太子四友”，太子的四个死党，四友排名第一的是吴质。公元193年，曹操在鄄城招贤纳士，吴质应召而至。因其才学通博，受到曹氏父子的赏识，公元217年，曹丕被立为太子，吴质出任朝歌（今河南淇县）长，又迁元城（今河北大名东）令。曹丕为了巩固地位打败竞争对手曹植，经常请吴质出主意，吴质当年的贡献要比司马懿大，而且《三国志》记载，吴质在曹丕的夺位过程中起了关键作用，有两个故事足见吴质的谋略。我们就来拿司马懿与吴质比一比。

第一个故事，曹操出征时，曹丕、曹植两人都来送行，曹植既有才华，又有能力，口才出众。在送别曹操的时候，曹植口吐莲花，滔滔不绝，讲得在场的所有人都频频点头。曹丕就傻眼了，偷偷拿眼睛瞟吴质，意思是，先生，怎么办？吴质贴着曹丕的耳朵说，一会儿您什么都不用说，就动真感情，抓住父亲的手，哭就可

吴质（公元177—230年），字季重，定陶（今山东菏泽）人，三国时著名文学家，曹魏大臣。吴质一向喜欢结交权贵，又倚仗曹氏父子权势，作威作福，引起人们的反感。公元230年夏，吴质病故，被谥为“丑侯”。吴质的儿子吴应一再上书申辩，为父叫冤，直到吴质死后二十四年才改谥为“威侯”。

以，别的甭做。结果等到曹植讲完了，曹丕上来，大家都以为曹丕也要说什么，结果曹丕上来哽咽一声眼泪就下来了，抓住曹操的胳膊，涕泗滂沱。大家立刻被感动了，觉得曹植净玩花架子，看人家曹丕多真诚！

吴质这个谋略叫“展示最稀缺的，才能获得最大程度的认可。”大家知道，帝王之家和我们平常百姓家是不一样的，平常百姓家不缺真诚的感情，缺的是荣华富贵、金银财宝。而帝王之家不缺荣华富贵、金银财宝，缺的是真诚的感情。帝王之家父子反目、兄弟成仇，夫妻同床异梦，往往都是这样的。

于是吴质就告诉曹丕，就展示最质朴、最纯真的感情就可以了。这里也提醒大家，面对一个沟通挑战，不知道怎么办，而且别人的沟通技巧特别多的时候，怎么办呢？办法很简单，没有技巧就展示真诚。这就相当于有一个人吃过满汉全席、山珍海味，你在他面前展示烹饪技巧、高超手艺那就错了，在他面前要拿出最纯真、最质朴的乡土果蔬，做几个家常小菜，这是他最喜欢的，吴质告诉曹丕的就是这个道理。在以后曹丕夺位过程中，这一个策略发挥了巨大的作用。

管理智慧箴言

展示最稀缺的，才能获得最大程度的认可。

第二件事，有一次曹丕想把吴质请进府中议事，但当时曹操规定诸王太子不可结交外臣，曹丕就用一个大筐，把吴质装进去，上面盖上绸子，假装是装绸子的筐，抬进曹丕府中。但这件事被杨修发现了，杨修向曹操做了汇报。而杨修汇报这件事情又被曹丕知道了，这叫“敌中有我，我中有敌”，你侦察我，我也侦察你。曹丕知道后很着急，就问吴质怎么办？说到这里，我们提醒大家注意一个规律，叫做“举奸需机密，扬善要彰显”。“举奸需机密”就是说举报错误，一定要保证行动机密，否则消息泄露，对手就有可能反戈一击，做个圈套把举报人装进去。“扬善要彰显”，就是你要表扬和推广好行为，一定要大张旗鼓，做最广泛的传播，这样既能鼓舞本人，又能引导大众！杨修就不明白这个道理，没有做好保密措施。

管理智慧箴言

举奸需机密，扬善要彰显。

吴质告诉曹丕，第二天还拿一个大筐，里边全部装上真绸子，还走原来的路，让他们检查。他们要是不检查，下午就让人再送一趟。结果第二天装绸子的大筐在送往曹丕府上时，曹操就安排人拦路检查，一检查确实没人，只有绸子。曹操对杨修非常厌恶，连带着对曹植也很反感。吴质这两件事情展示了他独特的谋略和眼光，在激烈的夺位之争中，帮曹丕渡过了很多难关。因此曹丕对吴质十分倚重，另眼相待，别有深情。

由于吴质的特殊贡献，曹丕对吴质看重的程度超过了司马懿，有例为证。这个证据就是曹丕给吴质写的三封信。

第一封信写在建安二十年，曹操大军西征前夕，曹丕在孟津给吴质写信——“季重无恙！途路虽局，官守有限，原言之怀，良不可任。足下所治僻左，书问致简，益用增劳。每念昔日南皮之游，诚不可忘……”

第二封信写在建安二十三年，太子又与质书曰：“昔日游处，行则同舆，止则接席，何尝须臾相失！每至觞酌流行，丝竹并奏，酒酣耳热，仰而赋诗。当此之时，忽然不自知乐也……少壮真当努力，年一过往，何可攀援？古人思秉烛夜游，良有以也。顷何以自娱？颇复有所述造否？东望于邑，裁书叙心。丕白”

第三封信是在曹丕终于当上了魏王之后，又与质书：“南皮之游，存者三人，烈祖龙飞，或将或侯。今惟吾子，栖迟下仕，从我游处，独不及门。瓶罄罍耻，能无怀愧。路不云远，今复相闻。”

果然，曹丕称帝以后，立刻征召吴质，拜北中郎将，封列侯，使持节督幽、并诸军事。形成了曹真坐镇西面、司马懿坐镇西南，曹休坐镇东南，吴质坐镇北方的局面。史书里甚至记载，“帝尝召质及曹休欢会，命郭后出见质等。帝曰：卿仰谛视之。其至亲如此。”

既然“太子四友”之首的吴质被宠信成这个样子，为什么在托孤大臣里没有这位仁兄？同为“太子四友”的司马懿又为什么能超越吴质，争到托孤大臣的位置呢？

吴质这个人有一个致命的缺点，就是一旦得志便猖狂，对周围的同事傲慢无礼，得罪了很多大臣。

有些人一旦受到领导的赏识，很容易看不清自己的位置，从而变得狂妄自大，目中无人。在激烈的内部竞争中，这种人很容易被人抓住破绽，一旦出了问题就无法挽回，吴质就是这类人的典型。那么吴质究竟做了什么惹怒众人的事情？我们从中又能得到怎样的启示呢？

吴质猖狂到什么程度呢？有一年，吴质从幽州返回首都洛阳汇报工作，曹丕当时下诏，让朝中主要军事干部、政治干部都到吴质府里去给他设酒接风，这个待遇非常高。大将军曹真、中领军将军朱铄等一群人也都来了。在酒席宴上，吴质找了两个表演节目的优伶，一胖一瘦，跟俩说小品的一样，站在那儿表演滑稽节目。因为当时曹真比较胖，朱铄比较瘦，所以吴质故意安排人专门弄了这么个小品，嘲笑两个人。曹真立刻就急了，说吴质太过分了。可吴质根本不吃这一套，吴质点着曹真的鼻子说，“曹子丹，汝非屠几上肉，吴质吞尔不摇喉，咀尔不摇牙，何敢恃势骄邪？”（《三国志》）这话意思是说，你就是屠夫案板上的一块肥猪肉，我吴质把你吞下去，喉结都不带动的，嚼你一口，牙都不带疼的。话里话外极其瞧不起曹真。通过这件事情我们就能看出来，吴质这个人是非常猖狂的。

从这件事我们看到三点：一是吴质狂妄自大，凭着曹丕的恩宠不把别人放在眼里；二是吴质作为寒门出身的干部，和一般世家子弟出身的干部素来互相看不起，矛盾由来已久。所以，我们中国人说“今天来客，往日有意；今天打架，往日有气。”眼前打架那都是以往积累的矛盾；三是吴质缺乏战略眼光，他不想一想，皇帝拉一帮权贵大臣给他接风，那是往他脸上贴金啊，吴质倒好，当场和人家对骂，这明摆着是不给皇帝面子。人家领导给你贴金，你给人家领导贴粪。这还了得。

另外我们也可以看到，当时吴质和曹家宗族的冲突特别激烈。吴质出身寒门，而且没有任何战场军功，一直都是为曹丕一个人服务，因此周围有很多人不服他。在这种背景下，吴质跟这些人针锋相对是非常不明智的。

后来吴质是什么结局呢？首先，在安排托孤大臣上，曹丕虽然对吴质十分信任和欣赏，但最后还是安排了司马懿和陈群，没有让吴质介入，主要就是考虑到他的人品和人际关系。另外古人讲究在领导死后都要给一个封号，比如赵云死的时候封号叫“顺平侯”，夏侯惇死的时候封号叫“忠侯”，而吴质死的时候封号却叫“丑侯”，通过这个封号我们就能看出当时曹魏上下对吴质这个人的看法。

但是吴质这个人谁都不服，谁都瞧不起，偏偏非常认可司马懿。曹丕死后，吴质有一次跟曹丕的接班人曹睿谈到司马懿，说司马懿这个人“忠智至公，社稷之臣”(《三国志》)。就是夸司马懿又忠诚又有智慧，又公道，是社稷之臣，天下的栋梁。说“陈群从容之士，非国相之才，处重任而不亲事。”(《三国志》) 那意思就是要安排司马懿做大事，不要重用陈群。吴质的这个建议对司马懿后来的事业发展起到了关键的作用。大家都觉得，连吴质这种人居然都佩服司马懿，可见司马懿人际关系做得非常到位。从反面也可衬托出司马懿跟吴质不是一种人，司马懿这种人是越成功越低调，越闪光越夹着尾巴。他安排工作的时候，轰轰烈烈，大张旗鼓，严格要求，但是做人的时候，永远谦虚、温和、低调处事。

这一点是司马懿比吴质高明的地方。高调做事，低调做人，是一个成功人士做事情的基本原则，千万不要“得志便猖狂”，刚刚闪光一点就不知道自己是谁了，这是非常要命的。

然而司马懿还要针对一个最主要的政治竞争对手，这个人就是曹真。《三国演义》中关于司马懿和曹真这两个人争权夺势的故事描述得很多，当然有很多是虚构的，但是客观上讲，也有很多是真实的。那司马懿在这个过程当中用了什么策略呢？

策略二　看清角色，做出姿态

当时曹真跟司马懿内部斗争很激烈，事事压制司马懿，处处跟司马懿攀比。但司马懿反而主动替曹真想办法、出主意，成全曹真。《三国演义》第98回，叫做“追汉军王双受诛　袭陈仓武侯取胜”。这一回的开头就写到司马懿跟曹睿谈西线战场的主要战略原则。司马懿建议曹睿，祁山那个地方的后方补给困难，蜀军出祁山，他们的给养一定不会超过一个月，所以请陛下跟曹真说，打不过就别打，我军坚守不出，一个月之后，蜀军自退，等他们往回跑的时候，我军乘胜追击，就把对方打败了。这样，蜀军可败，孔明可擒。

在西线用兵上边，曹真一直在和司马懿争功，而司马懿不但不还击，还主动为他出主意想办法，连魏明帝曹睿都觉得很奇怪。所以，曹睿欣然曰：“卿既有先见之明，何不自引一军以袭之？”

你猜司马懿怎么回答，懿曰：“臣非惜身重命，实欲存下此兵，以防东吴陆逊耳。孙权不久必将僭号称尊；如称尊号，恐陛下伐之，定先入寇也：臣故欲以兵待之。”司马懿说不是我不想建功立业，也不是我想保存实力，我是为了防备东吴进攻。意思就是我没有私心，全是为了工作。

正说这话时，前线来战报了，是曹真发给曹睿的战场汇报。面对战场汇报，司马懿就提出了第二个给曹真的建议。司马懿说，“陛下可即令人告诫曹真：凡追赶蜀兵，必须观其虚实，不可深入

曹真（?—公元231年），字子丹，沛国谯（今安徽亳州）人。三国时期曹魏武将，曹操的族子。其父为曹操招募人马时被州郡所杀，曹操因怜悯曹真少年丧父而待其如亲子一般，因赞赏曹真的勇猛而让他率领虎豹骑。曹真在镇守曹魏西北边境时表现突出，魏明帝时期屡次对抗诸葛亮的北伐。公元231年，曹真病逝，谥曰元侯。

重地，以中诸葛亮之计。”曹睿即时下诏，遣太常卿韩暨持节告诫曹真：“切不可战，务在谨守；只待蜀兵退去，方才击之。”司马懿跟曹睿说，陛下您得给曹真下个诏，告诉他千万要谨慎，追蜀军的时候一定要探清蜀军的虚实，诸葛亮杀回马枪的技巧特别高，擅长打防守反击。曹睿就接受了司马懿的建议，派韩暨给曹真下了道圣旨，告诉曹真要老成持重，不要轻易出击，只要坚守一个月就会出好结果。

韩暨出发之前，司马懿又有一个让人费解的举动，他送韩暨于城外，嘱之曰：“吾以此功让与子丹；公见子丹，休言是吾所陈之意，只道天子降诏，教保守为上。追赶之人，大要仔细，勿遣性急气躁者追之。”韩暨出了首都之后，司马懿又追上韩暨，嘱咐韩暨到了前线见到曹真大都督以后，一定要提醒他，追蜀军除了要观虚实以外，一定要选一个老成持重、比较谨慎的将领去追。另外又嘱咐韩暨，如果曹真问圣旨上的这些主意是谁出的，千万别说是我出的。如果曹真知道是我出的，他就会逆反，后果说小了曹真打不了胜仗，说大了影响国家的前途和命运。

通过司马懿这两说一追，我们就能看出，他真的是特别认真地成全曹真，一副放下私心杂念，专心致志干工作的样子。在别人争功的时候，还能有这个姿态，哪个领导不喜欢？难道司马懿就这样委曲求全吗？

其实司马懿明白，以他当时的角色和身份来讲，只有曹真跟他争的份儿，没有他跟曹真争的份儿，曹真是领导，他是下属，曹真姓曹，是朝廷正宗的宗族，他是个外姓人。内外有别，上下有别。在这种情况下，如果领导跟下属争，下属最好的办法就是谦和、忍让，秉持一颗公心，越是谦和忍让，主动权就越大。所以司马懿的谦和忍让是经过判断之后做出的一个针对性策略，这个策略叫做“先看清角色，再做出姿态”，到底是争，是让，是防，是守，是折中还是双赢，这需要看自己的角色定位。

这就是司马懿的策略，在内部竞争中，看清角色，做出姿态，作为下级和外人，越不争越主动，越谦让得到的支持越多！

在一个团队中，角色意识淡薄的往往是能人，他们自恃功劳大、能力强，甚至不把上司放在眼里，自大狂妄，以致于和领导、同事产生矛盾，严重影响了个人和团队的发展。司马懿深谙这个道理，正是由于角色定位定得准，司马懿在曹魏政权中获得了良好的人际关系。那么，为了避免内部竞争带来的矛盾，我们又该如何看清自己的角色呢？

我们中国人在看清角色方面有很多智慧，叫做“父不做媒，母不做师，喜不过生父，悲不过孝子”，这是看清角色做出姿态的基本方法。

什么叫“父不做媒”？就是当爹的不给自己的儿子做媒人。因为介绍自己的儿子是件很困难的事情，说儿子好，群众会觉得“王婆卖瓜，自卖自夸，”越说好越丢人。要说儿子坏，说一点点，别人会扩大十倍。“父不做媒”，这是角色决定的。

什么叫“母不做师”？亲妈不能当孩子的老师，因为妈妈从小有养育之责、哺育之恩，在孩子面前是个百分之百的感情角色。你给孩子当老师，说轻了他不当回事，说重了伤害他的感情。过去人讲易子而教。我是高人我不教我儿子，你是高人你也别教你儿子，咱俩换儿子教，皆大欢喜。

“喜不过生父，悲不过孝子”是什么意思呢？用现代汉语通俗解释一下：邻居家的老爷子去世了，周围人都来吊孝，吊孝的这位不管有多伤心，伤心程度也不能超过人家的亲生儿子。如果人家亲生儿子流两滴眼泪，他这却磕头磕得额头出血，别人该问：到底谁是亲生的？一个外人哭成这样，置人家亲人于何地？

“喜不过生父”就更好理解了，邻居家生个大胖小子过满月，这位大哥去给人家孩子过满月，兴高采烈，上蹿下跳，比亲爹还高兴，这就要出大事了。所以，做人做事可以有投入，有态度，但是必须要注意角色。

司马懿虽然也想争，但是考虑到自己的角色，所以司马懿就采取了更温和含蓄的策略。

策略三 以退为进，只守不攻

皇初四年，曹真上书“蜀连出侵边境，宜遂伐之。数道并入，可大克也”(《三国志》)，说我们不能等着诸葛亮老来打我们，我们得去打他。大家都反对曹真。尤其是同为托孤大臣的陈群，连着上了好几道奏章反对，但曹真置之不理。而且曹真还通过权力调动司马懿合兵前去伐蜀，司马懿居然没有提任何反对意见而是认真执行了伐蜀的计划。但是在伐蜀的半路赶上雨季，连着下了三十多天大雨，道路阻隔，没法走了，最后只好退兵。

关于这一段《三国演义》第100回“汉兵劫寨破曹真 武侯斗阵辱仲达”是这么写的——

众将闻孔明不追魏兵，俱入帐告曰：“魏兵苦雨，不能屯紥，因此回去，正好乘势追之。丞相如何不追？”孔明曰：“司马懿善能用兵，今军退必有埋伏。吾若追之，正中其计。不如纵他远去，吾却分兵径出斜谷而取祁山，使魏人不提防也。”

退兵的时候司马懿就跟曹真说，曹大将军，为了防止蜀军来追，我们半路上埋伏一支部队，蜀军追来的时候我们给他杀个回马枪，于是把部队埋伏好了。但是诸葛亮没有上当，司马懿埋伏了好久，也不见蜀军来追赶。

真曰：“连绵秋雨，栈道断绝，蜀人岂知吾等退军耶？”

懿曰：“蜀兵随后出矣。”

真曰 :“何以知之？”

懿曰 :“连日晴明，蜀兵不赶，料吾有伏兵也，故纵我兵远去；待我兵过尽，他却夺祁山矣。”司马懿的意思是蜀军知道我们有埋伏所以不追，等我们撤掉埋伏的时候，他们一定会乘虚而入，出祁山进攻中原。曹真不信。

懿曰 :“子丹如何不信？吾料孔明必从两谷而来。吾与子丹各守一谷口，十日为期。若无蜀兵来，我面涂红粉，身穿女衣，来营中伏罪。”

真曰 :“若有蜀兵来，我愿将天子所赐玉带一条、御马一匹与你。”这是《三国演义》记载的司马懿第二次要穿女人的衣服。打完赌以后，各自分兵，曹真带一支部队守一个路口，司马懿带一支部队守另一个路口，曹真守的是斜谷，司马懿守的是箕谷。司马懿提前有准备，所以当魏延、陈式带领大军出谷口的时候，被司马懿一战打得大败，司马懿获得胜利。而曹真这边因为没有准备，又轻敌，被蜀汉军队轻易劫了大寨，打得落花流水，最后危急时刻还是司马懿带队把曹真给救了。

曹真被救之后，羞惭无地，瞅着司马懿很纳闷，说，仲达，你怎么知道我就会败得这么惨呢？司马懿说，我派去侦察情况的士兵回来报告，说曹大将军跟周围人说蜀兵不可能来犯，根据这种情况我就猜到，蜀兵一定会偷偷来劫寨，所以我提前做好救你的准备，结果你真中了孔明的计。说到这里，司马懿说了句特别有境界的话，“切莫言赌赛之事，只同心报国。”(《三国演义》) 意思是现在别提打赌的事了，什么玉带宝马、穿女人衣服就都算了吧，咱们得一心一意报效国家。

大家注意，在此役当中，《三国演义》所写的司马懿的做法可圈可点，是一种标准的应对内部恶意竞争的方法，叫做“以退为进、只守不攻”。其中有五个基本技巧。当我们面对一个有权势的上级，比如公司副总总是跟你过不去的时候，你要谨守这五条原则。

第一条，内外有别，大局为重。他再跟你争，也是自己人，咱们不能因为自己人的内斗就影响了公司的大局，而且尤其不能借刀杀人。

第二条，不越位，不抢功。领导让我干什么我就干什么，有问题我跟上级沟通，但我绝不越级汇报，也绝对不会随便乱说，向别人公开矛盾。

第三条，用事实说话。你跟我争，我不跟你争，咱用事实证明，让实践来检验真理，事实胜于雄辩。

第四条，高姿态，高动机。我考虑的是公司，是事业，是团队业绩，不谈个人的事，展示出高姿态、高动机。

第五条也是最重要的一条，提前做好规划，控制局面。防止损失过大，一旦出了问题，可以及时收手。

司马懿做到了以上这几点，所以在内部竞争中，就占据了有利的位置，虽然曹真有好几次恶意竞争，但都没有得手，而且曹真越是跟司马懿争，皇帝越是看到司马懿的胸怀和境界，司马懿的个人形象也越来越高大，逐渐成为曹睿心目中最有大局观、最可依赖的军事干部。公元238年，曹睿给司马懿下了一个艰巨的任务，委派他带领四万大军组成远征军，远征辽东的公孙渊。这个任务相当艰巨，属于深入敌占区，无后方作战，大军远征，粮草供应非常困难，部队只有四万人，而公孙渊的政权在辽东经营了四十多年，近半个世纪，根深蒂固，光野战军就将近十万，兵精粮足。在这种局面下，司马懿是怎样取得战争胜利的，他又采取了哪些方法呢？请看下一讲。

第六讲

授权之后怎么做

有些人因为有才华，常常会被老板委以重任。可是当手里有了权，却屡屡做出违背老板意愿的事情来，错招频出，最终导致老板的失望和不信任。在这方面，司马懿就非常注意，在一次外出讨伐叛军的过程中，司马懿谨慎小心，既展示了高超的作战艺术，又赢得了上司曹睿的高度信任。那么司马懿是怎样做到这一点的呢？

在一个单位里，领导往往会对有才华、有能力的人委以重任。然而有的人却在领导授权之后，自我意识膨胀，为人做事不谨慎，引起领导的猜忌和不信任，给单位的事业发展带来不利影响。那么，当我们被授权接受一项任务的时候，究竟该怎样做呢？在这方面，司马懿就很了不起，公元238年，司马懿接受了一个任务，远途讨伐公孙渊叛军，结果在整个出发、行军、打仗过程中，司马懿行为谨慎，智谋超群，既展示了高超的作战艺术，又赢得了上司曹睿的高度信任，为自己的职业生涯增添了浓墨重彩的一笔。那么在被授权之后，司马懿究竟做了哪些高明的事情？我们从中又能得到怎样的启发呢？

中国有一句谚语，“水流千遭归大海，人行万里还故乡”。每个人都有故乡情结，岁数越大越愿意回老家，不管是成功还是失败，得意还是失意，都愿意回老家看看。所以我们做一个比喻，故乡就像人生这个坐标系的原点，我们不管走到哪儿，远去还是归来，实际上都在用这个原点丈量着自己的生命。

司马懿也回故乡了。公元238年的春天，司马懿在漂泊四方以后，终于回到了自己的老家。司马懿这次回乡有特殊待遇，第一，皇帝下诏书，要求地方官员人等都要参加见面会，都给司马懿捧场，谁不来谁是不给皇帝面子。第二，皇帝亲自“赐以谷帛牛酒”(《晋书》)，谷是用来做饭的，牛肉是做菜的，酒是用来喝的，帛是用来赏人的，皇帝想得很周到。

关于司马懿这次回故乡，《晋书》上有专门的记载，“见父老故旧，宴饮累日。帝叹息，怅然有感。”说司马懿见到乡亲父老、童年的小伙伴，一起喝酒，畅谈往事，咱们中国人讲“老乡见老乡，两眼泪汪汪”，当年的小伙伴都已经变成老伙伴了，头发都白了，再问问很多故人已经不在人世了，真是山川依旧，物是人非。我们用一句话表达，叫做“树下童颜变白发，桃花依旧少年时”。人的头发都白了，那棵桃树还像小时候一样开着，不由人不感慨万千。中国的文人士大夫一旦感慨了，就要做一件经典的事情——写诗。其实今天也是这样，领导一动感情，喝点酒就要写诗。司马懿也写诗了。其实衣锦还乡、大宴父老、吟诗作赋，这事不是从司马懿开头的。事业成功之后，返回故乡，和父老乡亲们一起喝酒，然后写诗做歌，这个习惯恐怕是从刘邦开始的。

汉高祖十二年末平定了英布，路过家乡沛县，摆酒设宴招待父老乡亲，酒酣之际，刘邦击筑而歌：“大风起兮云飞扬，威加海内兮归故乡，安得猛士兮守四方!”

这里我们想问一个问题：人为什么成功以后愿意回故乡呢？心理学研究发现，人都有生理需求、安全需求、社会需求、尊严需求，第四层是尊严需求，每个人都有自尊心，而这种尊严需求如果来自于故乡、亲人、童年的伙伴，也就是特别熟悉的人的话，满足感就特别强，所以刘邦愿意回去，项羽愿意回去，司马懿也愿意回去，就是因为这个满足感。

刘邦回故乡写了《大风歌》，司马懿也写诗了。司马懿这诗挺长，“天地开辟，日月重光。遭遇际会，毕力遐方。将扫群秽，还过故乡。肃清万里，总齐八荒。告成归老，待罪舞阳。”（《晋书》）中国人都讲诗言志，诗歌是一个人胸怀志向的反映。所以，司马懿的诗歌前几句说的就是自己的胸怀志向。第一句话“天地开辟，日月重光”，意思是说，大魏国建立了，皇帝很圣明。第二句“遭遇际会，毕力遐方”是说皇帝信任我，给我授权，我带领部队东征西讨保卫国家。第三句“将扫群秽，还过故乡”是说我将要去讨伐地方的割据势力，出征路上路过老家。第四句“肃清万里，总齐八荒”意思是说，我这个人的理想就是消灭地方割据势力，统一天下。

前面这几句说得还挺有气魄的。比较有意思的是这首诗的最后一句，“告成归老，待罪舞阳”，意思就是说，等我事业成功之后，我就回老家待着，等着国家来处置我。通过最后一句我们能看出，司马懿这个人虽然志得意满，喝醉了小酒，展示了自己的野心和雄才大略，但是最后依然很清醒，我得把尾巴收起来。通过这首诗我们能看出来司马懿这个人的行为模式，就是得意之后也要夹着尾巴做人，绝不猖狂。

在最得意的时候也能懂得夹着尾巴做人。这就是司马懿的为人，是司马懿人生的精彩，也是司马懿人生的无奈。在那样的政治环境当中，不由得司马懿不夹着尾巴，任何不经意的得意忘形都可能给他带来滔天大祸！

所以必须得忍着。在这首诗的背后有两个管理规律，第一个规律叫“自我暴露”，现在社会心理学研究，把领导者袒露自己的内心世界，表达自己的真实感受称为自我暴露。你说领导人写诗、写歌、写散文，袒露自己的内心世界，甚至讲讲自己的弱点，这事好不好？

有人觉得，那不行，我是领导，高高在上，我各方面都得很强，我要做强者，我不能展示自己的弱点。但研究发现，其实自我暴露一下，反而会增加支持率，增加吸引力。电视访谈节目上自我暴露的人很多。一个大明星出来了，大明星本来是坚强勇敢的化身、是观众的楷模，结果主持人一问，人家首先讲的是，我也有心虚、胆小的时候，而且现场说到动情处还痛哭流涕。这节目一播出，明星的支持率不降反升。原因就是他袒露了自己的真实感受和真实人生，反而让人觉得他很真诚很亲切，值得信赖。所以我们认为，一个领导，适度地进行自我暴露，袒露自己的真实感受，可以增加吸引力，增加支持率。相反，如果整天板着脸，喊口号，讲大道理，说的都是官话、套话，从来不讲自己的真实感受，这样的领导反而不容易得到周围人的认可。

管理智慧箴言

一个领导，适度地进行自我暴露，袒露自己的真实感受，可以增加吸引力，增加支持率。

当然，物极必反，自我暴露要适度，不能过度。司马懿的自我暴露策略就是，首先把自己的处境、雄心壮志、胸怀抱负都展示出来，但是展示完了以后我再收回来，这就是适度，是司马懿高人一筹的地方。司马懿这个人做人做事的特点是能忍，能装，而且忍能忍得狠，装能装得深，这是我们一般人做不到的地方。

一个高高在上、掌握权柄、想做大事的人，真得学会自我克制，否则就会出大问题。

关于自我克制，我们接着说第二个管理学规律，叫“猴子爬竿”。大家注意，猴子最丢人的事情是什么？屁股是红的。不过一只猴子跟别的猴子在一起，不用担心屁股的问题，因为大家屁股都是红的，没人会注意。偏偏不远处有个竹竿，这只猴子有了往上爬的心思，想出人头地，高人一等，事业进步，人生闪光，于是就往高处爬。这时问题就出来了，它爬得越高，下面的猴子看它的红屁股看得越清楚，太难看了，最后群猴一晃，把往上爬的猴子从竿上给晃了下来，摔了个四仰八叉，骨断筋伤，结果这猴子连普通猴子也当不了了。

这个故事给我们揭示了一个规律：一个高高在上的人，要露脸是不容易的，要露屁股是很容易的。

要想展示你的才华、能力、闪光点非常难，但是，你要展示缺点，不用刻意展示，大家都能看见。所以，一个高高在上的人得特别加强自我管理，普通人可以不在乎小节，但是一个事业进步、蒸蒸日上的人，就得做好自我约束，就像有一个说法，“战战兢兢，如临深渊，如履薄冰”。司马懿在荣华富贵、事业成功的道路上，一直加强自我管理，十分注意言行，这些都是值得我们学习的。

管理智慧箴言

要想展示才华、能力、闪光点非常难，但是要想展示缺点非常容易，不用刻意展示，大家就能看见。

司马懿在故乡宴饮了几日以后，酒也喝了，人也见了，话也说了，诗也写了，把这些事情都做完之后，他就脱去便装，换上戎装，身穿着黄金甲，往高头大马上一坐，威风凛凛，杀气腾腾，旁边站着四员大将，跟四个金甲天神一样，有牛金、胡遵、夏侯威、夏侯霸。大家注意，司马懿这次回老家可不是来度假的，他是完成一项重大的任务，途中路过故乡，顺路回家看看。

那么司马懿要完成什么重大任务呢？这个任务就是，组建一支精锐的远征军，远征辽东。公元238年正月，魏明帝曹睿把司马懿从长安召回首都洛阳，授权他组织四万远征军，讨伐在辽东宣布独立、自称燕王的公孙渊。这次远征也是司马懿军事生涯中一次巨大的挑战。征辽东这件事情对于司马懿来说有三大困难。

第一，公孙氏政权存在了三代四十八年，将近半个世纪，树大根深，很难一下铲除掉。

第二，四万人长途奔袭，后勤补给困难，人少了干不了活，人多了没饭吃。

第三，深入敌战区作战，没有后方，孤军深入，危机四伏。所以征辽东这事对司马懿的军事指挥才能和政治运作技巧都提出了巨大的挑战。

平日里一贯谨慎低调的司马懿深受曹睿的信任，这次外出征辽东，因为难度大，皇帝曹睿授予了司马懿极大的权利。生活中，我们也常常会有这类被领导派出去执行任务的时候，那么在出发的时候，我们需要在哪些方面做好充分准备？在这方面，司马懿又有哪些高明的做法呢？

方法一　事前沟通，充分交流

首先大家注意，接到领导授权之后，第一件事就是要沟通，重要的事情要先沟通、后动手。沟通什么？司马懿给我们展示了六个字，叫做“画圈、画饼、画叉”。

第一，画圈。就是先圈定资源，跟领导说，你让我完成这项任务，我需要多少人、多少钱、多长时间，把所需资源讲清楚。第二，画饼。没烙出饼之前，先把饼画出来给领导看看，看看是不是他想要的，是馅饼、糖饼、螺丝转饼，还是白吉馍加肉，你得讲清楚。这叫画饼，把大概的框架给领导讲一讲。第三，画叉。就是把重大决策点给领导讲清楚，领导画勾我就干，领导画叉我重新来。这是最基本的沟通方法。

画圈、画饼、画叉，这三点是重大授权之前最要紧的三个沟通点。

司马懿首先沟通资源，司马懿要求组织一支四万人的队伍。当时关于到底派多少人，朝中有激烈的争论，有人说四万人太多了，我们国家经济能力有限，供不起这四万人，能不能少派点。在这个争论面前，曹睿支持了司马懿，曹睿说千里远征，孤军深入，虽然要用奇谋妙策，但是也必须得有实力，人少了，怎么能打胜仗呢？

大家有机会看看克劳塞维茨的《战争论》，还有中国的《孙子兵法》，都会看到一个基本的规律，数量原则是最基本的胜利原则。集中优势兵力才能打歼灭战，所以曹睿在这一点上支持了司马懿。

第二，司马懿又沟通了战争过程和胜利方式。曹睿问司马懿，公孙渊要跟你打，他会怎么打？司马懿说，公孙渊的上策是弃城而走，跑了；中策是边境防守，跟我相持；下策是守住孤城，等待我围困他，这就是瓮中捉鳖。曹睿问，仲达你觉得公孙渊会走哪条路？司马懿回答说，只有聪明智慧的人，知己知彼，才能够舍得放弃某些东西，公孙渊的智力水平到不了这一层面。他一定先在辽河阻击，然后退守襄平。

第三，沟通作战计划。曹睿问司马懿，你这次远征需要多长时间？司马懿说，“往百日，还百日，战百日，歇六十日”，意思是说去一百天，回来一百天，打仗一百天，中间休兵六十天，正好是一年的时间，可收全功。曹睿说，好，同意，你走吧。

这次充分的沟通成为君臣二人互信的保证，我们知道，那个时候跟现在不一样，没有手机，没有视频，没有电视直播，没有卫星监控，说襄平大战打一半了，曹睿给司马懿打个电话，用3G现场直播一下？那时候消息不发达，从洛阳到襄平（今辽宁省辽阳市）距离太远了，根本没时间传递信息，所以越是在这种信息不畅的情况下，越需要提前把话说好了，这样才能彼此信任。

在司马懿之前，田豫、毋丘俭曾经两度对公孙渊作战都是无功而返。那么司马懿是怎么对付公孙渊的呢？

方法二　斗智为主，斗力为辅

司马懿发现敌人是坐守根据地以逸代劳，自己是长途奔袭，资源有限，兵力有限。所以在具体战法上，司马懿确定了一个原则——“斗智为主，斗力为辅”。中国古人讲“上兵伐谋，将在谋不在勇”。

司马懿的第一个战术叫做“声东击西”。

听说司马懿带兵来攻打自己，公孙渊抽调了大概八万精锐兵力，在现在辽宁海城附近做了一道防线，挖了一条二十多里的深沟，筑上高墙。公孙渊的如意算盘是“以其人之道还至其人之身”。你司马懿能用深沟高垒耗死诸葛亮，那么我就用同样的方法耗死你司马懿，司马懿的对策是先派一支部队大张旗鼓地假装从南线走，当敌人集中精锐兵力防守南线的时候，司马懿突然从北线直扑敌人

公孙渊（？—公元238年），字文懿，幽州辽东襄平（今辽宁辽阳）人。辽东太守公孙度之孙，公孙康之子，公孙晃之弟，公孙修之父。魏大司马，封乐浪公。后自称燕王。在司马懿征辽东时被魏军擒杀。

的统治中心襄平，这叫攻敌所必救，声东击西。

司马懿采用的第二个战术叫做“引蛇出洞”。

司马懿直扑襄平的时候，手下将领问，我们为什么不消灭敌人的主力，反而去打襄平？司马懿说，敌人的主力部队很多，准备得很充分，防守得很坚固，我们这四万人在城下打光了怎么办？所以我们不能打攻坚战，我们得打野战、运动战，敌人主力在此，襄平必然空虚，我们直接攻击襄平，敌人害怕失去老巢，一定会出来和我们作战，我打襄平是假，调动敌人是真，这叫“虚晃一枪，引蛇出洞”，等他钻出来我就在运动中吃掉他。果然不出司马懿所料，敌方一看司马懿转攻襄平，海城防线的主力就急了，立刻掉头回援襄平，在半路上，襄平附近有一个地方叫首山，司马懿经过精心布置，在这个地方设伏，一场首山战役把敌人打得大败。

第三个战术叫“杀一儆百”。

司马懿打败敌人主力之后，全军士气大振，指挥四万大军就把襄平给包围起来了，本来大家以为战斗要胜利了，马上可以回家了。没想到，老天爷不作美，开始下大雨了，而且雨越下越大。《三国志》有记载，《晋书》上也有记载，“大水，平地数尺”(《晋书》)。公路都变成河了，地上全是水。曹魏北伐的远征军非常紧张，很多战士和干部提出把队伍挪到高处去，别在水里泡着了。司马懿更是焦虑，本来大好的战争局面，不能因为下雨一撤退就丧失了，所以不能撤退，司马懿下了个死命令，即使在水里泡着也得泡，谁敢说走就砍谁的头。此时偏偏就有人顶风作案，这个人叫做张静，史书记载张静当时的职务是都督令史，相当于一个副参谋长级的，地位很高。张静对雨中驻守提出质疑，司马懿下了狠手，立刻让人把张静斩首示众，这一下全军震慑，再也没有人敢说撤退的事了。

说到这里，我们要分析一个管理学规律，叫做“手表原则”。一个人戴一块手表，他知道几点了，带两块手表，他就不知道几点了，要是戴十块手表，他只能问别人几点了。标准越多越不知道怎么办。管理过程中，决策阶段可以有很多声音，但执行阶段必须只有一个声音。在重大的、关键的事情上，绝不允许有人拿出第二个原则、第二个标准，这对事业是一个严重干扰。

所以大家看，大部队发动进攻之前先按照司令员的手腕对表，这叫官大的表准，得统一一个标准、一个步调。张静作为一个参谋长，胆敢在关键事件上说三道四，当然得杀，有了张静这个事件以后，曹魏大军军心稳定了。

当团队中发生突发事件的时候，往往会有不同的声音出现，如果不能迅速地协调步伐、统一思想，一旦出现混乱局面，就会给团队带来巨大损失。司马懿在突发事件面前向来冷静果断，在稳定了军士的情绪后，为了对付敌军，司马懿又会想出哪些好办法来呢？

第四个战术叫“引而不发”。此番大雨，公孙渊以为天助公孙，大水可退魏军。然而司马懿却借助水路，安排船只自辽河口直驶襄平城下，运送辎重，补充给养，为攻打襄平做好了准备。

不过司马懿准备好了，却没有急于进攻。曹魏大军对襄平是围而不攻，而且围也是松散地围。司马懿还特意命令南边的大营撤退二十里，让敌人出城放牧、砍柴，另外还给敌人留出早晨遛弯、晚上散步的空间。诸将都觉得很不理解，跟司马懿说，当年我们打孟达的时候，八道进攻，旬日而破，攻得那叫一个急，而且那时候我们人还多呢，现在就四万人，好不容易把敌人包围起来，你为什么不打啊？司马懿讲了两个道理。

第一，当年跟孟达作战时，我们数量多，敌我双方的兵力为 1：4，同时敌方粮食多，我们粮食少，在这种情况下，我们要争粮，不怕牺牲，所以八道进攻，即便我们四个人牺牲一半，剩下两个人也可以成功，所以得急攻。但是现在襄平战役正好相反，敌军人多，我们人少，我们怕伤亡。敌人粮少，我们粮多，我们不怕相持。敌人那么多人，等把自己的粮食吃没了，内乱的时候我们趁乱进攻就比较好。

第二，现在的形势是"不怕贼聚，就怕贼散"。敌人要一散，散到那十几个县城里，我们一个县城派两三千人，那还能打吗？不能打了。我们就希望敌人集中，心理安定，不跑，所以我们现在松散地围攻，向敌人示弱，这样敌人就防备松懈，也不会逃走，我们把他们围拢起来一场战役就可以拿下。司马懿引而不发的策略效果显著，公孙渊残部坐守襄平，粮草很快就消耗光了，眼见条件成熟了，司马懿立刻指挥部队猛攻襄平城。

史书记载，攻襄平的时候，"造土山，挖地道，用橹、楼车、钩梯、冲车昼夜攻城，矢石如雨。"（《晋书》）上造土山，下挖地道。楼车、冲车，兼并用之，矢石如雨，昼夜不息。大家想想，打得半边天都红了，一直打了将近一个月，襄平城内无粮草，外无救兵，把能吃的都吃了，最后开始吃人了，公孙渊陷入了绝境。

第五个战术叫："改变预期"。

公孙渊一看，大势已去，赶紧求和吧。于是公孙渊就派出当时手下的相国王建、御史大夫柳甫，来到司马懿大营里求和。司马懿这一回更狠，二话没说，推出去把两人脑袋就给砍了。咱们都讲，“两国交兵，不斩来使”，司马懿反其道而行之，杀完之后，还给公孙渊写了封信，说你派来那两个人，老年昏聩，讲不清话，我已经帮你把他们杀了，加速干部更新换代，你快派一个年轻人来。

整个襄平城的干部队伍胆战心惊，大家发现，司马懿真狠啊！于是公孙渊又派了当时的高级顾问官、侍中卫演来和谈。史书上记载，卫演“膝行入营”，爬着进入司马懿大营，吓得骨头都酥了。卫演跟司马懿说，我们大王愿意讲和，可以把公子公孙修送到洛阳做人质。司马懿跟他说，“军事大要有五，能战当战，不能战当守，不能守当走，余二事惟有降与死耳。汝不肯面缚，此为决就死也，

卫演，三国时期公孙渊部下侍中。公孙渊称燕王，封卫演为侍中。司马懿围困公孙渊于襄平城中，公孙渊先遣王建、柳甫请降不成，只得命卫演前去魏营请降，并表示愿送子公孙修为人质。被司马懿斥退。

不须送任。”意思是打仗就五条，能战则战，不能战则守，不能守则走，不能走则降，不能降则死。就是“战守走降死”这五条，现在你战战不了，守守不住，跑也跑不了，就剩下一个降一个死了，还怎么求和啊？现在要不然你就投降，要不然你就等死。然后就把卫演呵斥走了。司马懿这么做是为了断绝敌人的幻想，告诉城中军民人等，和解的大门已经关闭，只有放下武器投降，别的出路没有，不要抱有幻想。这样做第一可以震慑敌人的军心，让敌人胆寒。第二可以促进敌人内部的分化，促使主战派和主和派、统治集团和下层军民产生矛盾，有利于迅速把敌人击溃。

这一招果然奏效，没几天，襄平城就破了。公孙渊带着儿子公孙修和几百个人冲出包围圈，朝梁水（太子河）溃逃，结果在梁水岸边，魏军把公孙渊父子抓住。《三国演义》中记述父子二人死得很惨，脸对着脸一起被砍脑袋，叫做“相对受戮”。至此，襄平大战取得了阶段性胜利，为什么说是阶段性胜利呢？因为虽然把敌人打败了，但敌人的地盘该怎么稳固、统治，怎么把它收入版图，司马懿后续的做法在历史上就招来了骂名，他是怎么做的呢？

《晋书》上记载，司马懿首先对俘虏进行了甄别，“年十五已上七千余人皆杀之”（《晋书》）。十五岁以上的七千多人全部都被杀了，当时没有身份证，就看个头，凡身高超过某个标准，一律全杀。

第二就是把公孙渊任命的高级官吏全部诛杀，杀了将军毕盛等两千多人。“伪公卿已下皆伏诛，戮其将军毕盛等二千余人。”（《晋书》）前后杀了将近一万人，那真是血流成河。而且《晋书》记载，司马懿还做了一件很残忍的事情，把人杀了之后，筑造了“京观”来显示军威。什么是京观呢？京观是一种高大的坟墓，古代战争中胜者为了炫耀战功，震慑敌人，会收集敌人尸体，一层层埋在一起形成高大的土丘，成为京观，非常残忍。

所以后人评价司马懿的性格，常常用四个字：

第一是稳，不见兔子不撒鹰，心态非常稳定，不轻易出手。

第二是准，一击必中，绝不打第二下，看得特别准。

第三是忍，能忍别人不能忍的事情，永远不把心情写在脸上，让别人看不出来。

第四是狠，关键时刻真下狠手。

司马懿为什么是这个性格？管理学有个规律叫做“弹簧规律”，意思是说一个人的内心世界就像一只弹簧，压得越狠，反弹得越厉害。如果一个人平时压抑得特别久，将来一旦起来就会超量反弹。所以我们认为，司马懿平时一忍一装，心理压抑得太久了，一旦爆发，就特别阴狠，这一点也是后人对司马懿的诟病之处。当然也有另一个说法，“慈不掌兵，义不理财”。心太软的人，不能领兵打仗，太乐善好施的人不能让他理财。不过以今天的眼光看，司马懿确实有点狠，杀的人太多了。

管理智慧箴言

一个人的内心世界就像一只弹簧，压得越狠，反弹得越厉害。

在杀人立威的同时，司马懿还做了第三件事情，就是传播价值观和文化。他封赏了两个人的坟墓。这两个人一个叫伦直，一个叫贾范，此二人本来是公孙渊手下的将军，当年力劝公孙渊不要造反，被公孙渊杀了。司马懿就专门拿了祭品，到这两个人坟前进行祭拜和封赏，我们说这属于传播价值观和文化。通过封赏告诉其他人，什么是正确的，什么是应该做的。

搞管理不能光靠强制手段、高压手段，“屠刀让人掉头，文化让人点头”。掉头的手段不可能带来长治久安，只有点头的手段才能带来长治久安。管理学上讲是“武力解决一时，文化解决一直”，要想长治久安就得用文化的手段，杀人解决不了根本问题。我们很多领导动不动拍桌子、瞪眼睛、扣工资、扣奖金，这叫粗暴管理，要想基业常青，事业长治久安，还是得施加文化的影响。管理的高明之处不是让人掉头，而是让人点头。宁治一服，不治一死。

到此为止，襄平大战圆满收尾了，不过收尾之后还有下文，这个下文很有意思，引出了司马懿的第三个方法。

管理智慧箴言

屠刀让人掉头，文化让人点头。掉头的手段不可能带来长治久安，只有点头的手段才能带来长治久安。

在团队中，有的能人、骨干被外派执行任务的时候，会觉得天高皇帝远，反正老板不在身边，自己想干啥就干啥，想怎么做就怎么做，工作生活态度与老板在身边时大不一样，其实，这种做法有很大的隐患。司马懿就深谙这个道理，在此次大军征讨中，他就遇到了一件棘手的事情，那么，这是一件什么事情？从中我们又能学到怎样的管理经验和智慧呢？

方法三　远观忠，近观敬

当时发生了一件很小的事情，但是意义很大。襄平大战发生在冬天，天寒地冻，士兵苦寒，有人就跟司马懿提出，大将军，我们得解决棉衣的问题。当时，公孙渊的仓库里面存着很多棉衣，有人说大将军，敌人仓库里面有那么多棉衣，拿出来给弟兄们发了不就得了？但是司马懿说不可以，我们现在只能用自己现有的物资解决冬衣问题，不可动用库中之物。这叫做“不擅取公物，不擅行私赏”。用老百姓的话说，就是不拿公家的东西送人情。这一点很重要。所以说司马懿很高明，不擅自动用公物进行私赏，不拿公家的东西给自己做人情。

如果司马懿真的送了分了，他的职业生涯就会埋下危险的伏笔。我们知道古代信息不发达，你干什么工作，领导也不知道，也无法监控，所以请大家注意，这里面有管理技巧，叫“远观忠，近观敬”。什么叫“远观忠”，就是要看一个人是否忠诚，就把他派到很远的地方做一件小事，如果他能做得认认真真不折不扣，这个人绝对忠诚。如果他在你眼前做事很认真，一旦派到远处去，做事应付，马马虎虎，这个人就不忠诚。

什么叫“近观敬”，就是要看一个人工作态度是否端正，就把他搁在身边。跟他混久了，混熟了，他做事情仍然端端正正，严谨认真，这样的人本质就非常好，人品也比较可靠。但如果一个人刚接触的时候态度端正、认真，工作时间久了，就开始没大没小，举止失当，那说明这样的人工作态度有问题，不足以重用。

司马懿是懂这个道理的，皇帝把他派到辽东这么远的地方，其实除了打仗之外还在观察他的忠诚可靠。如果擅自把公孙渊的棉衣分给士兵，谁知道背后有多少眼睛在盯着？而这些眼睛当中，既有钦佩、赞赏的，也有嫉恨的、陷害的。你说分的是棉衣，必然会有人背后嘀咕，他分的不仅仅是棉衣，还有金银财宝、钻石玛瑙，公孙渊积攒的那点钱都让他分了，这时候就百口莫辩。所以，一旦分了这个棉衣，就会授人以柄，背上黑锅，贪财事小，不忠事大。

大家看看，古往今来的大将，统兵在外，战功卓著，他们最怕什么？最怕的就是朝廷对他有戒心，怀疑他的忠诚。在中国历史上，“飞鸟尽，良弓藏，狡兔死，走狗烹”，成功以后大将被杀的事情太多了，所以民间有句话，“太平本是将军定，不许将军见太平”。打天下的时候需要能征善战的大将，一旦天下到手，转回头来就把大将杀了。这种大将，打天下的时候叫顶梁柱，天下平定以后叫火药库，当年是稳定因素，现在就是不稳定因素，不管你有什么贡献，当年关系有多好，说杀就杀。历史上有太多这样的例子，刘秀的安功臣策、赵匡胤的杯酒释兵权，这还算比较温和、比较善良的，那真有狠的，卸磨就杀驴！大英雄没有死在敌人的战场上，而是死在自己人的手里，这种事情，一边让我们痛惜，也一边让我们思考。司马懿也思考过很多，他发现，越是被派到远处，小事情越要做得端正谨慎，否则第一授人以柄，第二引起怀疑，这就麻烦了。

公元238年4月，公孙渊政权在传了三代四十八年以后，被司马懿用了不到半年时间给消灭了。整个队伍上到将军，下到士兵各有封赏，人人笑逐颜开。但是偏偏司马懿面沉似水，心事重重，双眉紧锁。周围的战士都不理解，打了这么大的胜仗，取得这么大的成功，大将军为什么还愁成这样？其实，个中另有隐情，司马懿进入襄平之后做了一个怪梦，这个梦让司马懿心里很难受，忐忑不安，而且这个梦的背后暗示着曹魏政权一个惊天动地的政治大变局。

那么，到底是什么梦让司马懿心神不定，他又会面对怎样的政治风暴呢？请看下一讲。

第七讲

巧抓机遇有办法

在我们的人生中，如果抓住了重要的机遇，人生就会迈上一个台阶，那么，当这个重要的机遇来临的时候，我们应该如何把握呢？三国时期的司马懿在人生重大机遇来临的时候，就能果断地抓住机遇，那么，他是怎样做的呢？我们从中能得到什么借鉴呢？

人的一生中充满了各种各样的机遇，只要我们抓住了其中重要的机遇，人生就会发生翻天覆地的变化。那么，当影响生命轨迹、转瞬即逝的重大机遇出现的时候，怎样才能抓住它，而不让它溜走呢？三国时期的司马懿，在面对机遇时是怎么做的呢？从他的做法中，我们又能得到什么借鉴呢？

“不怕没能力，就怕没机会；不怕不会讲，就怕不让上。”每个人都需要机会，但是机会是有限的，给了别人就不能给你，给了你就不能给别人。那么在关键时刻，如何能让人家把机会给到自己的头上呢？我们来看看司马懿是怎么做的。

公元238年，司马懿占领了襄平，进城以后做了一个梦。他梦见皇帝曹睿将头枕在自己的腿上，对司马懿说了三个字——“视吾面”（《晋书》）。意思就是看着我的脸。司马懿低头一看曹睿的脸，非常怪异、狰狞，吓得出了一身冷汗就醒了。咱们都说，“日有所思，夜有所梦”，根据这个梦，我们判断司马懿有两个所思：

第一，很担心小皇帝的身体问题。一个六十多岁的老爷子担心一个三十多岁领导的身体问题，可见曹魏政权的群众体育活动搞得多么糟糕，从来不强调强身健体，从来不推广广播体操，领导干部的身体极其虚弱。

第二，司马懿特别希望能够单独跟曹睿沟通一下，说说心里话，梦里有这个暗示。

这个梦一直在司马懿心头纠结，虽然大军凯旋，他却始终郁郁寡欢。

本来按照朝廷的明诏，司马懿是不可以进首都的。明诏上规定，让司马懿走捷径，入关中，去镇守西边的防线，防备西蜀。这个要求，往好了说是担心司马懿绕远受累，往不好了说，就是不让司马懿来中央，这儿没他的位置。司马懿有很强的政治敏感性，这个诏书勾起了司马懿的一个心病。大家注意，司马懿、曹真、曹休、陈群四位辅政大臣，应该说是曹睿政权的骨干、队伍的领军人物。不过，曹睿对辅政大臣的使用方式在中国历史上很独特。

大家看历史，唐宋元明清，三国两晋南北朝，绝大多数辅政大臣都是大权在握，替领导安排各项工作。但是曹睿没有按这个思路做，四个辅政大臣中只留下文官陈群管理中央事务，把另外三个能征善战、可以带兵的人都派到外地去了，这事说好了是发挥干部特长，委以重任，说不好就是不信任他们，暗地防范，“使居外不使居内”。所以小皇帝曹睿还是很有心计的。

司马懿本来就对这个人事安排耿耿于怀，再一看朝廷诏书让自己便道入关中，不得入洛阳，打了大胜仗，却连首都都不让进，心里啥滋味？司马懿有一种被边缘化、被遗忘的感觉。所以诏书的事情再加上怪梦的事情，让司马懿心事重重。但是诏书必须得执行啊，于是司马懿指挥大军，直奔关中。

结果，大军走到白屋这个地方，朝廷突然又发来紧急诏书，而且一道接着一道，三天之内连着来了五道诏书，更要命的是，一道一个样。第一道诏书说，仲达你回来吧。第二道诏书说，仲达，别回来了。第三道说，上次的作废，你还是回来吧。第四道说，从现在起，你别回来了。这四道诏书把司马懿给搞蒙了，就在狐疑之间，来了第五道诏书，这道诏书与前面的不一样，是皇帝手写的，内容很简单，就一句话——“间侧息望到，到便直排阁入，视吾面。”（《晋书》）最后三个字把司马懿的冷汗都吓出来了，因为梦中做的就是这三个字。

这个诏书翻译成现代汉语意思就是：抓紧时间，快来，到了首都，直接到后宫来见我，咱俩面对面谈。多年积攒的政治经验告诉司马懿，中央政府出大事了。然而此地距离洛阳有四百多里，在那个年代可不近，想走高速没有，要坐飞机没有。怎么办？司马懿坐了一辆特殊的车——追锋车，就是那个年代的“高级小跑车”。这追锋车很给力，特别追风，也很拉风。在大道中间，几匹马拉着，风驰电掣，四百多里地不到一天就跑到了。司马懿到了洛阳就直奔后宫，来到了曹睿病榻前。

关于司马懿和曹睿的这次见面，《晋书》、《三国志》、《三国演义》都做了很详尽的描述。《三国志》上是这么记载的，帝驿马召到，引入卧内，执其手谓曰：“吾疾甚，以后事属君，君其与爽辅少子。吾得见君，无所恨！”曹睿见到司马懿后说，我病得很严重，急着要见你，是为了把天下大事托付给你和曹爽。你和曹爽一起辅佐幼主登基。看来我是不行了，不过在死前能见到你一面，死而无恨。司马懿听后眼泪都流下来了。曹睿一招手，把两个儿子叫过来。这两个儿子分别是秦王和齐王，都不是曹睿亲生的，是过继来的，一个帝王之尊在临死之前，床前送终的都不是亲生的儿子，说起来也挺遗憾的。曹睿把秦王、齐王叫到病榻前，指着齐王曹芳对司马懿说，“此是也，君谛视之，勿误也”（《资治通鉴》），说这个就是幼主，你看好了，别弄错了。大家注意，这句话含意很深，曹睿的意思是将来的天下，得依靠你司马懿，你把人看好了，别弄错了。曹睿紧跟着又让小曹芳抱住司马懿的脖子，小脸贴着司马懿白发苍苍的头，曹睿说了一件特别感人的话，“死乃复可忍，朕忍死待君，君其与爽辅此。”（《三国志》）意思是说，忍住不死太不容易了，我现在忍住不死就是为了见你一面，让你把我儿子保护好了。

曹芳（公元232—274年），字兰卿，三国时期曹魏的第三位皇帝，公元239—254年在位，为魏明帝曹睿之养子。司马炎代魏称帝后，改封曹芳为邵陵县公。公元274年，曹芳病逝，谥号为厉公。

《三国演义》又记载了另一句更感动人的话，曹睿对司马懿说，“太尉勿忘幼子今日相恋之情”，说完之后潸然泪下，第二天曹睿就驾鹤西去，去世的时候有多大年纪呢？三十六岁，英年早逝。

曹睿死的这一年司马懿整整六十岁。六十岁的司马懿已经送走了曹操、曹丕、曹睿三个领导，并且熬死了跟自己同事的三个托孤大臣，可想而知他的身体有多好！

曹睿去世了，司马懿又一次当上了托孤大臣，再一次迎来了事业的巅峰，而且这一次内部竞争变小了，同为托孤大臣的曹爽是曹真的儿子，属于小一辈的。同时司马懿也有点后怕，幸亏有追锋车，如果没有这追锋车，不能在曹睿去世之前赶到病榻前，政局瞬息万变，说不定辅政大臣就是别人了。

很多事情，都得讲究速度。现如今市场营销有一个规则，不是大鱼吃小鱼，而是快鱼吃慢鱼，谁快谁成功，比的是速度。如果用俗话讲就是“夜长梦多，好事怕拖”，拖一拖就拖没了，我们常使用一个词，叫做“抢抓机遇”，好机会真的都是抢来的。幸运女神眼神不好，就算她是朝你家来的，如果你不抢上去抱住她，她真的有可能走到邻居家里去。

我在工作中接触过一个销售经理，他讲有一次参加一个论坛年会，在餐厅里遇到了一个大客户，随便聊了几句，对方对他们公司的新产品系列很感兴趣，让他给一个系统的介绍。销售经理手边没有资料，只有一个小宣传单，他答应下午给客户发一份电子版介绍。结果到了下午，酒店的无线网络出现了故障就没发，他当时觉得反正也不着急，第二天再说吧。

结果客户当天晚上就要向上级汇报，确定采购计划，这一情况被另外一家竞争对手知道了，赶在当天下午就把完整的产品介绍、项目建议书、解决方案全提供出来了，直接用U盘拷贝给客户。最终，一个本可以长期合作的优质客户就因为小小的疏忽和拖延被丢掉了。所以，机会来的时候就如同昙花一现，虽然美丽，但是转瞬即逝。

做事情最怕两个“拖”，一个是拖延的“拖”，本来可以马上开始，但由于疏忽大意，觉得明天也行，最后错过了机会；另一个是委托的“托”，明明该自己亲自去办，但一时懒惰，委托给别人代办。有句俗话叫做“谁的痒痒谁挠”，自己办事，火候、尺度都会拿捏得很好，让别人代办，他没有这么多的精力，也不会花费这么大的心思。结果就是“一念之差，错失机会”。所以做事情，一是要有“抢”的精神，绝不能拖延；二是要有“闯”的精神，得亲自上阵，绝不能偷懒侥幸。

管理学有个规律叫做“日落法则”。意思是说今天的工作必须在今天日落之前完成，否则就会错失重大的机会，带来不可控的风险。人生也是这样，很多事情，第一次想做但是没有做，以后就再没机会做了；很多话，第一次想说但是没有说，以后就再没机会说了。

管理智慧箴言

很多事情，第一次想做但是没有做，以后就再没机会做了；很多话，第一次想说但是没有说，以后就再没机会说了。

人生是一个漫长的旅程，哪一步最艰难？眼前这一步最艰难。

我们经常会看到楼下食堂里，一个小女孩一边吃鸡腿一边说：嗯……好吃！明天就减肥！我告诉你，她永远不会减肥。因为明天不会来，我们拥有的只有今天，就是眼前，就是当下。知道该做，就应该立即行动，绝不拖延。

司马懿的经验就是重要的事情一定要立即行动，抢抓机会。就在司马懿为自己的快速行动而庆幸的时候，中书监刘放、中书令孙资把整个托孤的内幕向司马懿和盘托出。

这个内幕把司马懿刚才的得意全给打消了，身上出了一身白毛汗。孙资、刘放跟司马懿说，其实在司马懿征辽东这一年当中，朝廷的政局发生了巨大的变化，就在司马懿大战辽东时，皇帝已经早早地选好了托孤大臣，并且选择的对象不是司马懿，而是另外五个人。

第一个是燕王大将军曹宇，曹宇是曹操的小儿子，相当于曹睿的小叔叔。

第二个是领军大将军夏侯献。

第三个是武卫将军曹爽，曹爽是曹真的儿子。

第四个是屯骑校尉将军曹肇，曹肇是曹休的儿子。

最后一个是骁骑将军秦朗。这五个人都是皇帝的亲信，根本就没有司马懿的份儿。

中书监刘放和中书令孙资是皇帝跟前的红人，他们既然知道最初的托孤大臣中没有司马懿，为什么要跟司马懿说呢？这其实就和司马懿平时做的功课有关系了。司马懿知道，机遇就像天下掉馅饼，虽然你不知道它什么时候掉下来，但如果事前站在能被馅饼砸中的位置，抓住这个机遇的概率就会非常大。所以，司马懿为了获得机遇，提前做了很多准备，那么，他提前做了什么准备呢？

策略一 建立联盟，获得支持

我们中国人特别讲究“一个篱笆三个桩，一个好汉三个帮”，“在家靠父母，出门靠朋友”。一个成功者，想单枪匹马、单人独骑成功是不可能的，得有人支持你。所以中国人特别讲究遇到贵人，贵人就是在生活中关心我们，在事业上帮助我们抓住机遇的人。刘放、孙资就是司马懿的贵人。我们先分析一下刘放、孙资是什么人。

管理智慧箴言

一个成功者，想单枪匹马、单人独骑成功是不可能的，得有人支持你。

刘放是涿郡方城（今河北固安）人，孙资是太原郡中都（今山西平遥）人，两个人文笔好，有谋略，早年被曹操选到身边来，做了秘书郎。秘书郎这个职位虽然不高，但位置很特殊，经常跟领导接触，就有机会获得领导的信任和赏识。如果用一句诗来表述，就是“接天莲叶无穷碧，映日荷花别样红”。刘放、孙资沾了这个职位的光，提拔的速度非常快。到了黄初年间曹丕称帝的时候，刘放被提拔为中书监，孙资被提拔为中书令，两个人都当上中央的秘书长了，而且都封了侯，很多重要的机密事件全是两个人决断的。等到了曹睿这一任领导，我们前面说过，曹睿的用人原则是辅政大臣放在外边，朝中用自己的人，就是刘放、孙资。两个人一个被封为西乡侯，一个被封为乐阳亭侯，并且加了散骑常侍的爵位，一手遮天，权力非常大。

左：刘放（？—公元250年），字子弃，冀州涿郡方城（今河北固安）人，官至骠骑将军、中书监、方城侯，刘放擅长写书信和檄文，曹操、曹丕、曹睿的诏命文书，很多都是刘放所为。

右：孙资(?—公元251年)，字彦龙，汉末太原郡中都（今山西平遥）人。三国时魏国重臣。先为功曹，后任计吏，参丞相军事。

关于两个人的特殊权力，在《三国志》中有一个记载，“于时号为专任，制断机密，政事无不综。”“号为专任”，就是这事不交给别人，就交给这两个人，“制断机密，政事无不综”就是制定政策和做出决定全是两个人做的，所有大事都是两个人综合通盘考虑，统筹规划的，所以孙刘二人就成了曹魏中央政权的主要决策者。大家看看，其实历史挺巧合的，曹魏的两个主要敌人，一个姓孙（东吴），一个姓刘（西蜀），而中央政府的主要掌权者居然也是一个姓孙，一个姓刘，很有趣。不过孙刘二人的掌权让曹姓宗族的大臣非常恼恨，这些人随时在寻找机会扳倒二人。刘放、孙资一方面权倾一时，一方面也危机四伏。

我们总结他俩的职位特点：

第一，能力出众。

第二，领导信任。

第三，遭到排挤。

他们跟司马懿一样，地位相似，同命相连。司马懿也是能力出众、领导信任，遭到宗族势力的排挤。同命相连的人特别容易沟通。另外，司马懿在外掌兵，不了解中央政府的情况；刘放、孙资在中央政府制定决策，不了解外边的情况，双方正好形成资源互补。于是三个人很容易就达成了默契，形成了一个政治联盟。

其实从刚刚担任要职开始，孙刘两个人就特别关注在外领兵的大将，《三国志》记载，征东将军满宠、凉州刺史徐邈等方面大员都曾遭受谗言陷害，靠着孙刘二人的支持和保护才没有招致祸端。这种保护一方面是出于公心，一方面也有孙刘二人拉外援巩固自己地位的目的。

司马懿是个非常聪明的人，自从曹丕托孤以来，他就发现曹睿其实很有想法，把司马懿、曹真、曹休都放在外面镇守边疆，而把中央政府的权力牢牢地抓在自己手里，有效地防止了托孤大臣位高权重，从而把皇帝架空。不过此举也让司马懿产生了危机感。他需要有人在中央政府内为自己说话。于是自然而然地和刘放、孙资形成了稳定的政治联盟。

由于刘放、孙资的支持，司马懿虽然领兵在外，却有机会获得朝中的支持，才得以在激烈的斗争当中走上领导岗位，这就是建立同盟、获得支持的重要性。

司马懿为了抓住机遇，提前建立了联盟，这就保证了在关键时候，有人能站在他的立场上替他说话。但尽管如此，如果上级领导曹睿看不上他，就算司马懿再建立联盟，再有他人支持，也一样没用。所以，司马懿在抓住机遇这个问题上，还有第二个策略，那么，他的第二个策略是什么呢？

策略二　风格匹配、角色互补

没有领导支持，一切努力都是枉然。所以，我们才看到很多事情只要弄成“一把手工程”就能有新突破，领导抓、抓领导，领导一抓见成效。抓机遇这个事情也是一样，不管有什么联盟、建立多少功勋，如果“一把手”看你不行，那肯定就没机会了。

司马懿的新上级是曹睿。曹睿喜欢什么样的人？首先，曹睿喜欢顺眼的人，当然大家一般都喜欢看着顺眼的人。不过曹睿这种喜欢却特别不稳定，一方面喜欢顺眼的人，另一方面对身边顺眼的人又满腹猜疑，随时防范，用心理学术语来描述的话，曹睿是一个感情不稳定，缺乏安全感的人。

其实这种人生活得挺痛苦的，既喜欢对方，又担心对方不忠诚，防范猜疑，拿感情折磨自己。

那么曹睿为什么要折磨自己呢？我们说，人的性格都是从童年形成，受生长环境和父母影响的。童年是人生的父亲，环境是人生的母亲。曹睿的性格形成跟他的童年经历有关系。

曹睿（公元204—239年），字元仲，即魏明帝。沛国谯县（今安徽亳州）人。曹丕之子，曹操之孙 。曹丕去世后，曹睿继位为帝，指挥曹真、司马懿等人成功防御了吴、蜀的多次攻伐，并且平定鲜卑，攻灭公孙渊，颇有建树。然而统治后期，大兴土木，临终前托孤不当，导致后来朝政动荡。

管理智慧箴言

童年是人生的父亲，环境是人生的母亲。

曹睿的母亲是很著名的大美女甄氏。甄氏是中山无极人，自幼聪慧美丽，智谋过人。东汉建安年间，甄氏嫁给了袁绍的二儿子袁熙。袁绍被打败以后，曹丕在邺城见到了甄氏，《魏略》记载，“见其颜色非凡，称叹之。太祖闻其意，遂为迎取。”婚后不久就生了曹睿。

甄氏本来跟曹丕的感情很好，夫妻俩很恩爱。甄氏不仅贤德，而且文才出众。但是后来，曹丕当皇帝了，情况发生了变化。首先，汉献帝除了把江山送给曹丕，还把两个漂亮闺女也送给了曹丕，紧接着曹丕又娶了郭贵人、李贵人、阴贵人，个个都很漂亮，曹丕身边莺莺燕燕，花花草草，春兰秋菊，争奇斗艳。于是，他就顾不上理甄皇后了。甄皇后面对一前一后两种待遇，你说心里啥滋味？这人不怕冷，怕的是在暖和屋子里待了一会儿又出来了，那才是真冷呢。所以甄皇后心里一不痛快，就说了几句埋怨的话，结果曹丕听到这埋怨的话，再加上有人在他耳边添油加醋，再加上郭贵人在耳边添油加醋，曹丕一下就急了，直接赐甄皇后自尽。中国人讲，“一日夫妻白日恩，百日夫妻似海深”，“十年修得同船渡，百年修得共枕眠”。人家跟你过了那么多好日子，给你生儿育女，照顾父母，尽孝道，没有感恩总有感情吧？没有感情总有感动吧？没有感动总有感念吧？曹丕把往日恩情都抛在一边，一瞪眼就把甄皇后给弄死了。甄皇后的死状特别凄惨，用头发把脸盖住，鼻子、嘴里都塞了糠，扔到棺材里草草地就掩埋了。生活在帝王之家真的让人很

甄氏（公元182—221年），又名甄洛，中山无极（今河北无极）人。父甄逸，官上蔡县令，谥号“敬候”，母张氏，封广乐乡君。始嫁袁熙，公元204年嫁与曹丕。其子曹睿即位后，被追谥为“文昭皇后”。

叹息。

甄皇后死后，曹睿一下子从幸福的天堂落到了无边的地狱当中。

第一，亲妈死了。

第二，曹丕对曹睿开始另眼看待了，他开始怀疑曹睿，迟迟不立曹睿当太子。直到有一天曹丕带着曹睿出去打猎，发现有一只母鹿带着小鹿，曹丕心狠手快，一箭就把母鹿射死了。然后跟曹睿说，来，把那个小的也射死。曹睿把弓箭放下跟曹丕说，“陛下已杀其母，臣不忍复杀其子”。(《三国志》) 大家想想，其实这句话是有暗示的。一句话说得曹丕动了恻隐之心，人心都是肉长的，看见自己的孩子这么懂事，最后曹丕才下决心，立曹睿做太子。

曹睿被立为太子之后更加难受。史书上说他“自在东宫，不交朝臣，不问政事，唯潜思书籍而已。”(《三国志》) 不敢与朝廷的大臣交往，一点都不问朝政，一天到晚把自己关在屋里看书。为什么？怕皇帝担心他谋反，怕周围人起坏心，搬弄是非。我们通过这几句话就能看出曹睿这个太子当得战战兢兢。

由于这种童年、少年时期的经历，曹睿的性格当中就印刻了很多不良的东西。首先没有安全感，第二，沉默隐忍，做他的手下得特能忍，特沉默，不张扬。如果稍微有一点张扬，曹睿就不用你。从这一点来说，司马懿是曹睿喜欢的类型。第三，多疑，越是和自己感情深的人，他越是防范和猜忌。而且反复无常，刚刚定的事，说改就改。

我们讲，压抑很久的人更容易超量反弹，所以曹睿也比较阴狠，而且曹睿还有点口吃，这都和童年的影响有很大关系。曹睿的不良性格在以后的管理当中，以及他整个的人生当中都带来了不可估量的影响。发展心理学证明，家庭和睦是一个孩子健康人格、良好性格形成的最重要的因素，曹睿的性格深深地打上了家庭破碎的烙印。

司马懿的优势是战功卓著，性格内敛沉稳，这都是曹睿欣赏的。但是由于没有曹姓血缘，又久在外边领兵，所以并没有进入曹睿的考虑范围之内，曹睿选的五个托孤大臣燕王曹宇、领军将军夏侯献、武卫将军曹爽、屯骑校尉曹肇、骁骑将军秦朗，这些人都是亲近内臣。

刘放和孙资担心曹姓宗亲掌权，将来对自己不利，于是利用曹睿的性格弱点，改变了曹魏政权的组织结构。

刘放、孙资二人采取了釜底抽薪之法，先将曹宇等人的缺点和问题暴露出来，让曹睿起疑心，再借助自己和曹睿平日积累的亲密关系，竭力推荐司马懿。

《汉晋春秋》记载，刘放、孙资要来找曹睿汇报，但是燕王曹宇在曹睿身边安排了警卫，不让任何人见曹睿。刘放、孙资在外边像热锅上的蚂蚁，进不去宫。但老虎都有打盹儿的时候，曹宇、曹肇他们后来盯得太累了，防守松懈后，刘放、孙资趁机溜进内宫，在曹睿病床跟前，见到了曹睿。刘放展示了自己过人的口才，向曹睿说了五句话，从而改变了国家的形势。

第一句，刘放跟曹睿说，先帝有遗诏，藩王不得辅政。同姓的诸侯王辅政，天下就会变。

第二句，曹肇跟秦朗这两个人，表面上陪着你养病，其实在你昏睡期间，他们跟旁边服侍的宫娥彩女打情骂俏、暗送秋波，他们心术不正。

第三句，燕王曹宇虽然是你的小叔叔，但是现在手握兵权，隔绝内外，有篡逆之心。

第四句，幼主曹芳年少不知事，无法把握政局。现在外有强暴之寇，内有劳怨之民，如果选这几个凡夫俗子主持政事，国家就危险了。

第五句，刘放用了十六个字总结现在的形势，“社稷危殆，而己不知，此臣等所以痛心也”。(《三国志》) 意思就是皇帝在您得病这些天，上级和下级之间的交流已经被隔绝了，国家已处于危亡之间了，而您自己还不知道，我们非常痛心啊。

这段话说完之后，曹睿心动了，就问刘放、孙资谁可以依靠。刘放、孙资先说曹爽可以依靠，第二推荐了司马懿。曹睿耳软心活，听后就说，好吧，就用司马懿和曹爽吧。于是决定让司马懿和曹爽来做辅政大臣。

但是刘放、孙资刚一走，皇帝就改主意了。所以大家记住，世界上最让人无奈的领导是什么领导？第一，朝令夕改。早晨定的事，晚上就改。第二，耳软心活，老张来听老张的，老李来听老李的。偏偏曹睿就是这样的领导。

俗话说，在什么林子唱什么山歌。在曹睿这样多疑善变、耳根子软的领导手下工作，司马懿为了抓住机遇，虽然建立了联盟，获得了内部的支持，也通过种种方式和曹睿拉近感情距离，但这也并不保证机遇就一定降临到他的头上。为了增大机遇降临的概率，司马懿还有第三个策略，那么，这第三个策略是什么呢？

策略三　类型匹配，制造认同

咱们都知道君无戏言，为什么曹睿会自食其言，反复变主意呢？那是因为孙刘二人刚走，曹宇、曹肇等人又冲进来，陈说理由，把曹睿的心思又给说动了。

有人就说，曹睿怎么是这么耳软心活的人呢？其实，这种决策风格和曹睿的人际关系类型有关。

我们先告诉大家，人与人沟通的时候有三种类型：

第一种类型叫头脑型。这种人跟别人沟通交流，靠的是利害分析、利益判断。他在跟你交往的时候很强势，让你心生敬畏之心，他对你的信任是因为你不敢造反，曹操就是这种人。这种人叫头脑型的人。

第二种类型叫心灵型。这种人跟别人沟通交流，讲的是理想、信念、价值观。他跟别人交往比较温和，通过交流，能让别人心生敬仰和钦佩。他对你的信任来自于你不会造反，诸葛亮是这种人。这种人叫心灵型的人。

生活中还有第三种人，而且占大多数，这种类型叫感受型。他跟别人交往，在乎的是日常接触、平时表现。他能让别人心生亲切，他对你的信任来自于我跟你好，你不忍变心，曹睿就是这种人。

曹睿在跟别人交往的时候，他的基本策略就是多接触、多交流，选人用人先看感情。你跟我交流多了我就用你，交流少了，人一走茶就凉，我就不用你。

曹睿的感情模式造成了他往往更容易相信身边接触多、交往多的人，同时又随时会对自己信任的人产生感情上的怀疑，有例为证。《三国演义》第105回“武侯预伏锦囊计 魏主拆取承露盘”里有这么一段故事：

却说曹睿之后毛氏，乃河内人也；先年睿为平原王时，最相恩爱；及即帝位，立为后；后睿因宠郭夫人，毛后失宠。郭夫人美而慧，睿甚嬖之，每日取乐，月余不出宫闼。是岁春三月，芳林园中百花争放，睿同郭夫人到园中赏玩饮酒。郭夫人曰：“何不请皇后同乐？”睿曰：“若彼在，朕涓滴不能下咽也。”遂传谕宫娥，不许令毛后知道。

毛后见睿月余不入正宫，是日引十余宫人，来翠花楼上消遣，只听的乐声嘹亮，乃问曰：“何处奏乐？”一宫官启曰：“乃圣上与郭夫人于御花园中赏花饮酒。”毛后闻之，心中烦恼，回宫安歇。次日，毛皇后乘小车出宫游玩，正迎见睿于曲廊之间，乃笑曰：“陛下昨游北园，其乐不浅也！”睿大怒，即命擒昨日侍奉诸人到，叱曰：“昨游北园，朕禁左右不许使毛后知道，何得又宣露！”喝令宫官将诸侍奉人尽斩之。毛后大惊，回车至宫，睿即降诏赐毛皇后死，立郭夫人为皇后。朝臣莫敢谏者。

这段故事和史料上记载的基本一致。曹睿确实为了这件事逼死了毛皇后，杀了不少身边的宫人。

古人说“伴君如伴虎”，你和他在一起，刚才他还是笑呵呵的，说不定哪句话说错了瞪眼睛就要杀人！所以，跟曹睿商量事情，就一定要匹配他的类型。

等到曹宇和曹肇走了，刘放、孙资又进来了，哭得比曹宇、曹肇还厉害，力荐司马懿，曹睿又动心了，决定再次改变人选！不过这时刘放使了个心眼，请求曹睿手写一份诏书，大家知道，文字的东西最可靠，白纸黑字盖上章才行。曹睿说，我已经病得不能动手了。刘放说，没关系，我替你动手。于是拿着纸，攥着曹睿的手写了一个诏书。最后两人拿着诏书出来跟曹宇、曹肇、秦郎等人说，皇帝有诏书，不让你们进后宫了，赶紧各自回家去吧。于是，整个局势就被刘放、孙资掌控了。

在自己的努力以及政治盟友刘放、孙资的帮助下，司马懿再一次涉险过关，成为权倾朝野的托孤大臣。

说到这里，我们想评论一下刘放、孙资的行为。有人说，曹魏政权被颠覆的祸根，就是此二人种下的。在国家政权交替这样的重大问题上，作为中央政府的主要决策者，两个人从个人私利出发，把国家政权和皇帝玩弄于股掌之间，投机取巧，搬弄是非，这是典型的奸佞小人行为。

其实，我觉得这种评论是有道理的。先不论曹宇、曹肇等人能不能把国家管好，单凭孙刘二人的动机看，我们就能得出结论，他们的行为不是从国家、从百姓利益出发的，完全是从小集团利益和个人利益出发的。

在曹芳登上皇位以后，司马懿得以加官晋爵，被提升为侍中、持节、都督中外诸军、录尚书事，而且赐给他的特殊待遇，叫做“入殿不趋，赞拜不名，剑履上殿，如萧何故事”（《晋书》），就是带着宝剑，穿着鞋上殿，见皇帝鞠个躬就可以，并且家族子弟三者封侯，五人封骑都尉，权力一时达到了巅峰，当然，刘放、孙资也得到了相应的好处。

当再次成为托孤大臣以后，一手遮天的司马懿已经不是原来的司马懿了。既得利益改变了司马懿的工作方式和做人原则。如果我们说原来的司马懿还有点事业之心，那么现在他所有的工作重心就挪到了处理内部斗争，保证既得利益上边。

不过司马懿的权力很快就受到了另一个曹姓宗亲的挑战。曹芳下旨，曹爽、司马懿各领兵三千，共掌朝政。在保证既得利益上，一个矛盾冲突就凸显出来了。大家知道，一个圆不能有两个圆心，一个桃不能有两个桃核，一个队伍不可能有两个领导。于是，围绕着争夺核心权力，老谋深算的司马懿和血气方刚的曹爽之间，爆发了一场你死我活的政治斗争。那么在这个政治斗争当中又发生了哪些故事呢？请看下一讲。

管理智慧箴言

一个圆不能有两个圆心，一个桃不能有两个桃核，一个队伍不能有两个领导。

第八讲

改变逆境靠行动

俗话说，人无千日好，花无百日红，当我们处于人生顺境的时候，忽然有意想不到的厄运降临，一下从顺境跌入逆境，我们应该怎么办？三国时期的司马懿也遇到过这样的情况，那么，在这种情况下，他会做什么呢？

在生活中，我们经过艰苦努力，迎来了事业的高峰。但是天有不测风云，在迎来人生的顺境后，如果接踵而来的是人生的逆境，从高峰跌到低谷，我们应该怎么办？三国时期的司马懿在成为曹魏的托孤大臣，权倾朝野的时候，忽然发现自己面临被架空的局面，从顺境一下就转入了逆境，那么，他会怎么做呢？从他的做法中，我们又能得到什么借鉴呢？

俗语说“人无千日好，花无百日红”，再好的花开一百天也要凋谢，再红的人、再热的关系，过个两三年也要冷下来。做人就是要能处顺境，也要能处逆境，会过夏天，也要会过冬天。但很多人做不到这一点，比如我们身边就有这样的人，特别是年轻人在春风得意的时候，兴高采烈、踌躇满志，状态很好，而一旦遇到点挫折困难，就灰心丧气、一蹶不振了，这都是不对的。做大事就是得经受逆境的考验。好钢都是从烈火中煅烧出来的，最鲜艳的花都是从粪土里长出来的，一个人在成长的过程当中，总是避免不了经受逆境的考验的。

我们下面就要讲讲司马懿遇到的考验。

司马懿在拒敌五丈原、大破公孙渊、曹睿托孤以后，俨然成为曹魏政权里最炙手可热的人物，大权独揽，名满天下，迎来了自己人生最辉煌的时刻。但中国道家有一句话，叫做“花红易衰，月圆易缺”，意思是花最红的时候，也就是它要凋谢的时候，月亮最圆的时候，意味着它马上就要缺了。人生在最巅峰的时候也是最容易出问题的。司马懿在这个巅峰状态下就遇到了一个巨大的危机和挑战。

管理智慧箴言

花最红的时候，也就是它要凋谢的时候，月亮最圆的时候，意味着它马上就要缺了。人生在最巅峰的时候也是最容易出问题的。

曹魏正始八年，也就是公元247年春末夏初的时候，六十八岁的司马懿得病了，而且病来得很突然，病势沉重，以至于不能工作了。

五月的一天，司马懿的府上来了一位贵客，姓李名胜，是新近提拔的荆州刺史。李胜在上任之前专门到司马懿的府上来看望他，司马懿就躺在病床上接见了李胜。映入李胜眼帘的是一个非常辛酸的场景：六十八岁的司马懿，头发乱蓬蓬的，躺在床上气息微弱，眼神浑浊，毫无生机。这时上来两个小丫鬟服侍司马懿喝粥，一个小丫鬟扶着司马懿后背，一个小丫鬟拿勺往司马懿嘴里喂粥，这一口粥喂到嘴里面，百分之八十都沿着嘴角流了下来，流得胡子上、衣服上全是。李胜看着司马懿眼前这副模样，回想起他当年斗诸葛、平孟达、灭公孙，纵横天下的场景，那是何等的英雄气概。岁月无情啊，再大的英雄也难逃一死，人生永远是这样的。想着想着李胜心一酸，忍不住眼泪就掉下来了。然而李胜被骗了，司马懿根本就没病，身体结实着呢，身体倍儿棒，吃嘛嘛香，日子过得非常舒坦。

那他为什么要装病骗李胜呢？其中另有隐情。李胜是当时辅政的大将军曹爽的亲信，这次前来探病，完全是曹爽一手安排的。曹爽想让李胜来刺探一下，司马懿到底得的是什么病，还能不能跟自己争权夺势。司马懿和曹爽之间，两个人的关系经历了一个从亲密到仇恨的过程，从起初的事业伙伴到最后形同水火。

前面我们讲到曹睿托孤，最终把国家社稷托付给了曹爽和司马懿，这两个人年龄差距很大，但地位上是平起平坐的。《三国志》上记载，“初，爽以宣王年德并高，恒父事之，不敢专行”，意思就是司马懿不仅岁数大了，社会声望也很高，曹爽一直拿他当长辈一样对待，做事情不敢独断专行，大事小事都要请示司马懿，两个人一开始配合得很好。

不过，天长日久就有了变化。曹爽身边有很多是非之人，这些人到曹爽面前搬弄是非，说大权不可以旁落，不能这么眼睁睁看着司马懿掌权说了算，要想办法把权力夺回来，抓到手才行。中国有一句话，叫“来说是非事，必是是非人。”大家坐在一起，如果有一个人在你面前总说这个人不好，那个人不好，他们之间怎么怎么回

曹爽（？—公元249年），字昭伯，三国时期曹魏宗室，大司马曹真之子，曹操族孙。公元249年，司马懿发动政变，将曹爽一族处决。

事，那这个人就是是非的策源地。而且随着掌握权力的时间越来越长，曹爽开始有野心了，欲望开始膨胀了。

一个人日子过得好好的，为什么会自我膨胀、得陇望蜀呢？我们来做个比喻分析一下。比如你在饿的时候，没有粮食，终于有机会吃到第一个馒头，心里那个美啊，念的是“久旱逢甘雨，他乡遇故知，洞房花烛夜，有个馒头吃！”等到吃第二个馒头的时候，也很高兴，但是兴奋劲有点降低了。等到吃第三个馒头的时候，感觉就比较平淡了，甚至有点为难了。吃到第四个馒头的时候，干脆吃不下去了，心里想的是：谁让我吃，我跟谁急！

大家看到，同样是馒头，第一个和第四个给人带来的满足是不一样的。经济学把这个现象叫做“边际效用递减”。我们把它通俗化一下，称为“馒头定理”。人生当中，第一个或者第一次永远是难忘的，永远比眼前的好，不是说第一个真的有多么好，而是因为那是第一个。

人的心理就是这样，需求刚得到满足的时候，欢天喜地，痛哭流涕，满足的次数多了，平淡无奇，垂头丧气。吃第一个馒头很开心，吃第三个很闹心，吃第六个很恶心，吃到第九个，都有去死的心了。

曹爽的行为也很符合这个规律，一开始没有权力，刚当上大将军的时候，和司马懿一起辅政，高高在上，心里美滋滋的，那叫一个爽，后来天天如此，就平淡了，然后就不满足了，开始琢磨：这要是一个人说了算，那该多好啊！

管理智慧箴言

人生当中，第一个或者第一次永远是难忘的，永远比眼前的好，不是说第一个真的有多么好，而是因为那是第一个。

这就是一个人自我膨胀的心理机制。一切膨胀伴随而来的都是贬值，通货膨胀带来的是货币的贬值，人心膨胀带来的是幸福感的贬值。那么，现实生活中，一个掌握权力、掌握资源或者有点名气的人，如何防止自己膨胀呢？

最要紧的是节制自己的欲望。不满足的时候，多回想一下当年一无所有的样子，回味一下第一次得到时的幸福感。这就叫“常将有时思无时，眼前快乐不贬值；人生若只如初见，幸福美满全出现。”

管理智慧箴言

常将有时思无时，眼前快乐不贬值；人生若只如初见，幸福美满全出现。

曹爽为了野心和欲望，决定采取行动，把司马懿扳倒。使用的方法很高明，叫做“明升暗降”。曹爽给皇帝上了一道表，说当朝太尉司马懿，能文能武，名满天下，功高盖世，只给眼前这个待遇不足以彰显他的功劳德行，应该给他提职，最后商议决定，提拔司马懿做当朝太傅。

其实，这个提拔有点玄妙之处。大家看《晋书》和《三国志》上都记载，曹睿托孤的时候，司马懿的行政职务有三个：太尉、都督内外诸军事，还有一个是录尚书事，这三个职务中第三个最重要。在汉代，尚书台的权力是最大的，相当于我们现在的国务院，“天下枢要，皆在尚书”（《汉书》），录尚书事有总理的职权，掌管政治、经济、军事、外交，但是把司马懿提拔成太傅以后，录尚书事这一职务悄悄被去掉了，就只剩下了都督内外军事。而且还跟司马懿说，您年事已高，这种琐碎的小事就不劳烦您操心了，其实就是把司马懿的权力给夺了。这就是所谓的“明升暗降”。

《资治通鉴》对曹爽和司马懿合作的这八年有一个简单概括，“大将军爽用何晏、邓飏、丁谧之谋，迁太后于永宁宫；专擅朝政，多树亲党，屡改制度。太傅懿不能禁，与爽有隙。五月，懿始称疾，不与政事。”被架空之后，司马懿干脆就以身体不好为由，不再参与政事了。这叫做争不过不争了，斗不过就忍了。这是司马懿的惯用手法。

司马懿这个人，一辈子最重要的有三件武器：

第一件武器是能忍。忍完曹操忍曹丕，忍完曹丕忍曹睿，忍完曹睿忍曹爽，真的是忍辱负重，忍气吞声，一忍再忍。

第二件武器是能装。高兴的时候很平静，不高兴的时候还是很平静。装病这一招，骗完曹操骗曹睿，骗完曹睿骗曹爽。所以司马懿这一生，真的可以拍一部电视剧就叫《潜伏》，太能忍太能装了。

第三件，也是最重要的一件武器就是能干。上马拿刀，下马拿笔，大事小事都行，武的可以战孔明、擒孟达、破辽东，文的可以当微末小吏，办公室秘书一干十多年，什么事都干得好，国家真离不开他。

所以司马懿的原则就是我忍，我装，反正你们离不开我，我找机会再把你拿下。这就是我们通常的策略——“防守反击”。大家看踢足球，越是进攻漏洞越多，防守反击比较容易掌握。

曹爽当时一见司马懿接受了这个局面，曹爽很得意，《晋书》上记载，曹爽做了三件事情，第一，“专擅朝政”，就是大权独揽，一个人说了算。第二，“多树亲党”，把亲戚、朋友、同学、同事、发小，全都给提拔了。第三，“屡改制度”，就是把以前曹操、曹丕定的很多制度都给改掉了。这件事造成了司马懿和曹爽极大的分歧和对立，两个人的关系降到了冰点。

虽说司马懿忍让曹爽，但曹爽仍然很担心，怕司马懿东山再起，扳倒自己，所以听说司马懿病了，就特意派亲信李胜刺探司马懿到底是真病还是假病。李胜来了，看到司马懿喝粥洒了一身，心里就有底了。

司马懿在病床上跟李胜说，我年事已高，行将入土，你这次去遥远的并州上任，恐怕我们就见不到面了，你要多多保重。李胜纠正他说，太傅大人，我不是去并州，我是去荆州。司马懿假装糊涂接着说，并州那个地方离胡人很近，你要严加防范。李胜一看，这个人不光身体不行了，脑子也不行了，说了半天，连荆州、并州都分不清。李胜兴高采烈地回来向曹爽汇报，“太傅语言错误，口不摄杯，指南为北。”说司马懿年老昏聩，身体不行了，脑子也不灵了，天下就是我们的了。

这下，曹爽心里有底了，司马懿这个身体，朝不保夕，再不可能东山再起了，于是放松了对司马懿的防备。司马懿又一次成功地装病，骗过了曹爽。

当我们的人生处于低潮的时候，如果我们不气馁，不怨天尤人，而是用实际行动来寻找机会，这样我们就会有翻盘的机会。司马懿在经历了从大权在握到大权旁落的打击后，没有气馁，也没有消沉，而是积极行动，采用了三个策略，最终改变了自己身处逆境的状态。那么，他改变逆境的第一个策略是什么呢？

司马懿骗过曹爽之后，他使用了三个策略，在很短的时间之内就把曹爽给拿下了。

策略一　抓住机遇，不留余地

司马懿装病这件事情在人际关系上称做“示弱”。

在工作中，个人业绩突出了，招致周围人的嫉恨和打击这样的事情古往今来都时有发生。我们发现，防范和嫉恨这样的心理，都有一个前提，就是感觉对方和自己在一个重量级上。大老虎会嫉恨一个豹子、会嫉恨一个狮子，但是绝对不会嫉恨小花狗、小白兔，因为它分量不行，太弱。

所以嫉恨的原则有三个。一是“嫉妒相似，不嫉妒不同”。你跟我差不多我嫉妒你，你比我高或低我都不嫉妒你。二是“嫉妒强势，不嫉妒弱势”，你功成名就、满面红光我嫉妒你，你如果萎靡不振、身体不行了，我就不嫉妒你了。三是“嫉妒易得，不嫉妒难得”。你的成功来得很容易我嫉妒你，你的成功来得很不容易，那我就不嫉妒你了。比如你在路边捡到五百块钱，那我嫉妒你，凭啥让你捡到五百块钱？但是如果你光着膀子上珠穆朗玛峰捡到五百块钱，胳膊都冻掉了，那我就不嫉妒你了，因为你也不容易。人的心理就是这样。

所以，司马懿遭人嫉恨，在被动的情况下，他没有选择针锋相对，而是选择了走示弱路线，你拿我当对手，我告诉你，我不是你的对手，我身体不行了，头脑也糊涂了，都惨成这样了，根本不可能和你争啊。

这种示弱策略不但让曹爽放下了戒备之心，甚至对司马懿有了同情和理解。

管理智慧箴言

嫉妒相似，不嫉妒不同；
嫉妒强势，不嫉妒弱势；
嫉妒易得，不嫉妒难得。

采用示弱的策略不过只是司马懿的第一步。司马懿还有更大的野心，没有野心就不是司马懿了。别看司马懿六十八岁了，但是他有豪情壮志跟年轻人拼一拼，绝不肯轻易放弃手中的权力。此时的他对于权力有着极大的兴趣、极强的需求。

司马懿在等待机会。

机会终于来了！《三国志》上记载，曹爽大权独揽之后，把身边人还有兄弟姐妹全都给封了，“弟羲为中领军，训武卫将军，彦散骑常侍侍讲，其余诸弟，皆以列侯侍从，出入禁闼，贵宠莫盛焉。”封兄弟曹羲做了中领军，封兄弟曹训做了武卫将军，封兄弟曹彦做了散骑常侍，这大小兄弟们都封侯了，整天出入中央政权机关，一人得道、鸡犬升天。

另外，曹爽这个人年轻，比较爱玩，喜欢出游。用现在话说，每个周末兄弟几个都开车到高速路入口聚齐，一起去郊区烧烤，搞自驾游。曹爽身边的谋士桓范就给曹爽提建议，恒范说，“总万机，典禁兵，不宜并出，若有闭城门，谁复内入者？”爽曰：“谁敢尔邪！”

意思是说你现在大权独揽，掌握禁军，你们兄弟几个应该轮流出去，不能一起全部出去。如果你们一起都出去了，有人关闭城门，造反夺权，你们再想进来就进不来了，那时候你怎么办？

曹爽把嘴一撇，说，老桓，你多余了，天下谁敢这么做？大家听听曹爽这话你就能感觉到，这个人已经很自大了。他根本不把任何人放在眼里，包括司马懿。大家都知道骄兵必败的道理。干事业，不怕有危险，就怕没准备！

说到这里，我们要告诉大家一句话：一个人做事情，如果人人都觉得你了不起，说明你努力了；如果自己也觉得自己很了不起，说明你发烧了。曹爽就发烧了。他觉得自己很厉害，瞧不起任何人，所以，英雄和强者不是被敌人打败的，都是被自己打败的。

管理智慧箴言

一个人做事情，如果人人都觉得你了不起，说明你努力了；如果自己也觉得自己很了不起，说明你发烧了。

嘉平元年正月，也就是公元249年曹爽带着几个兄弟簇拥着小皇帝曹芳到洛阳城外的高平陵（曹睿的陵墓）去祭祀，大队人马浩浩荡荡出了城。司马懿在府中得到了这个消息，大喜过望，机会终于等到了，司马懿决定立即行动。

《三国演义》第106回关于这一段有一个记载，司马懿听说曹爽出城，“心中大喜，即起旧日手下破敌之人，并家将数十，引二子上马，径来谋杀曹爽。”

但是再看《三国志》和《晋书》，就发现《三国演义》的这段描述有问题，曹爽一手遮天，兄弟列侯，中央禁卫军几万人全在他手里，司马懿家将数十人，怎么夺取政权？几十多号人搞政变，简直是找死。

《晋书》记载了历史的真实情况，说司马懿起事的时候，“阴养死士三千，散在人间，至是一朝而集，众莫知所出也。”就是说司马懿手中有一个三千多人的敢死队，只听命于他一个人，平时散在首都各地，在城里边推车的、担担儿的，对门卖小吃的、卖煎饼果子的，都是他的生力军、狙击手，相当于两个团的特种部队。一听说司马懿要起事，这支队伍一个晚上就在司马家门外列好阵，盔明甲亮，杀气腾腾。

这至少说明两点：一是司马懿有一大批铁杆死党，忠心拥护他，只听他一个人指挥，召之即来，挥之即去；二是司马懿早有准备，而且这个准备是非常机密的，《晋书》上记载，训练私人军队这件事情只有司马懿的大儿子司马师知道，连老二司马昭都不晓得，更何况自大狂妄的曹爽了。

凭借这三千多人的核心部队，司马懿做了几件事情：

第一，占领武器库，只要手中有了武器，立刻就能拉出军队来。

第二，关闭城门，占领洛河桥上的渡口，不让曹爽等人再回来了。

第三，司马懿把过去被曹爽排挤的一些老干部都请了出来，主要有三位。一位叫高柔，一位叫王观，一位叫蒋济。引着他们三个人进宫去见被曹爽软禁的郭太后，让郭太后下旨，封这三个人的官，让高柔"行大将军事"，带着太后的旨意去曹爽的军营掌管他的部队，让王观"行中领军事"，到曹羲的军营去掌管他的部队，然后蒋济跟着自己身边做说客，准备说服曹爽。司马懿在一天之内，迅速采取行动，占领了中央所有的要害部门，曹爽在城里的几万军队全被司马懿给控制了，执行力超强，招招稳准狠，步步短平快。

一天之间，司马懿就从一个病床上奄奄一息的老人，变成了大权在握、威风凛凛的将军，胜利的天平迅速地向司马懿一边倾斜。

当司马懿身处逆境的时候，他冷静地等待时机，然后抓住稍纵即逝的机会，迅速采取行动，扭转了被动局面。为了巩固胜利成果，司马懿还采取了进一步的措施，从而使自己变被动为主动，那么，他采取的进一步措施是什么呢？从他的做法中，我们能得到什么启发呢？

策略二　内紧外松，留有余地

司马懿采用的第二个策略是“内紧外松，留有余地”，你别看手那么快，嘴上一定要缓。大家记住，我们做急事，手可以很快，脚可以很快，但嘴上不能急，嘴急的人，心理状态都不稳定。比如我们要赶飞机，你可以小跑，可以打车，但是不能一边跑一边喊，我着急，急死我了，那说明你心理状态不稳定，头脑不够冷静。

大家知道，命运都是公平的，他给了你机会，也一定会给对手机会。别看司马懿抓住机遇，控制局面了，命运同时也给了曹爽一次争取主动的机会。这个机会是曹爽的谋士、大司农桓范带来的。

就在司马懿三千铁甲军迅速占领京城各个部门的时候，桓范携带司农印从司农府里单人独骑悄悄溜了出来，快马出城来到曹爽军营。桓范带来的不光是一颗大司农的印，桓范还给曹爽带来了一个救命的主意。

两人见面后，曹爽就问桓范城里的情况，桓范如实汇报后，曹爽又是拍手，又是跺脚，后悔莫及。管理学上有一句话：不要为打翻的牛奶叹息。如果你因为错过星星而难过流泪，那么你还要错过月亮。过去的事情让它过去。所以训练有素的人，遇到遗憾的事，积极地谋划未来；未经训练的人，遇到遗憾的事，痛苦地后悔过去，最后就会越来越惨。桓范说，大将军，别后悔了，我给你出个主意。

管理智慧箴言

训练有素的人，遇到遗憾的事，积极地谋划未来；未经训练的人，遇到遗憾的事，痛苦地后悔过去。

桓范给曹爽策划的反击策略有三个基本要点：

第一，咱们现在离许昌城很近，许昌城兵精粮足，城池高大，进可攻退可守，是太祖武皇帝经营多年的地盘，咱们赶紧去那里。

第二，大将军您手里现在有个重要的资源——皇帝，司马懿发的诏书都是假的，以太后名义发的诏书那不算数！咱们曹魏政权有祖训，太后不能干政。大将军您手中有皇帝，您现在立刻以皇帝的名义下诏，让天下各路兵马赶来勤王，他只有三千人，咱们立刻就能把他拿下。

第三，看着曹爽犹豫不决，桓范又说，我知道，您出城的时候

桓范(?—公元249年)，字元则。沛国(今安徽濉溪)人，《魏略》记沛国龙亢(今安徽省怀远县西龙亢镇北)人。曹魏忠臣，有文才。正始(公元240—249年)间任大司农，为曹爽谋划，号称“智囊”。司马懿起兵讨魏时，桓范劝曹爽挟魏帝到许昌，曹爽不听。曹爽被司马懿所杀，桓范亦被诛。

没带粮食，没带给养，没关系。桓范边说边把司农印拿了出来，我是大司农，天下的粮食都在我的手里边，咱有粮他没粮，咱有兵他没兵，咱有皇帝圣旨，他没有。咱们赶紧行动，到了许昌，还有翻盘的机会。

我们现在看来，曹爽如果听了桓范这个主意，中国的历史可能会被改写。这个主意非常不错，而且非常可行。恒范的策略对司马懿构成了巨大的威胁。

为了应对可能出现的变数，司马懿跟蒋济商量了局势，恰恰也担心曹爽挟皇帝去许昌，最后，司马懿告诉蒋济，桓范会出这个高明的主意，但是曹爽一定不会听。

蒋济问为何，司马懿说，曹爽这个人没有远大的志向，又没经过人生风雨的历练，他不可能在关键时刻下这样的决心。司马懿在评价曹爽的时候，用了一个成语——“驽马恋栈豆”。意思是说资质平庸的马，就贪吃槽里边那点东西，不可能有远大理想，只有良马才会恋草原。

司马懿告诉蒋济，桓范给曹爽出主意，那是把老虎的主意出给老鼠，把雄鹰的主意出给苍蝇，曹爽一定不会听的，不用害怕。

结果事实证明，司马懿确实是高人，曹爽真的没听。桓范给他出完主意以后，曹爽说，老桓，你让我想想，就在屋里走过来走过去。桓范一看不行就接着劝，“援引古今，谏说万端”（《三国志》），桓范历数古往今来，上下五千年，举了好多例子，费尽了口舌。

最后曹爽说，老桓，你别跟我说了，说得我脑仁都疼，你走吧，让我单独想想，就把桓范给推出去了。这一夜，曹爽“意不能决，乃拔剑在手，嗟叹寻思；自黄昏直流泪到晓，终是狐疑不定”。

（《三国志》）

在屋子里边折腾了一宿之后，第二天曹爽拔出佩剑，往地上一扔，跺了跺脚，说大不了投降，投降之后也是个亿万富翁。曹爽把这个决定告诉恒范之后，桓范都崩溃了，不由得放声大哭，《魏氏春秋》记载，范哭曰："曹子丹佳人，生汝兄弟，犊耳！何图今日坐汝等族灭矣！"桓范掉着眼泪跟曹爽说，曹子丹（曹真，字子丹，是曹爽的爹）是何等英雄，怎么生出你这么个儿子，蠢得和牛犊一样，最后我也得跟你一起送死。

所以咱们有一句话，不怕神一样的对手，就怕猪一样的队友。你有这么棒的主意、这么好的资源，最后他居然投降了。所以高人还得解决站队问题，可怜桓范这么一个谋士站错了队伍。

就在曹爽想着要投降的时候，司马懿又送来了一支催化剂，先派蒋济，又派曹爽的亲信尹大目来，又派侍中许允来，指洛水为誓，让曹爽放心，过去的事一笔勾销，他还过他的好日子，幼稚的曹爽信以为真，答应交权。于是，大好的局势就这样葬送了。司马懿立刻就掌握了全局，掌握了核心权力。

曹爽投降之后，司马懿马上软禁了曹爽兄弟，捉拿了桓范等人，不久寻了些谋反的证据，将他们全族都杀得干干净净。司马懿是三朝元老，有丰富的斗争经验。曹爽是一个贵族小青年，养尊处优，对斗争的残酷性和复杂性都没有充分的思想准备。曹爽无论是才华能力，还是道德人品，都不够辅政大臣的材料，更不是司马懿的对手。

我们反思一下曹爽为什么失败，就想起管理学的一句话——"权胜才必有辱，威胜德必有祸。"意思是说权力要大过才华的话，就会办丢人的事；威风要是大过修养的话，就会招来祸端。

咱们老百姓讲，“有多大的脑袋，戴多大的帽子；有多大的锅，盖多大的盖儿”。人生的规律是，没有担不住的贫寒，只有扛不起的富贵，过穷日子不用考察能力、修养，而且周围人都会帮你。过富贵日子就没那么简单了，必须要有能力、修养，而周围人还会琢磨你，追求富贵的时候，真的要想想，你自己担得起吗？

管理智慧箴言

权胜才必有辱，威胜德必有祸。

曹爽就属于既没有能力也没有修养，非要担这个担儿，最后给自己招来了祸端。所以人在富贵之路上，真的不能太贪心，我们说人生就像跑高速，开车的人得记住，懂得踩油门那叫力量，懂得踩刹车那叫智慧。

司马懿经历了从人生的高潮到低潮，从顺境到逆境的落差，但他没有心灰意冷，也没有垂头丧气，而是迅速采取措施，靠行动扭转了逆境的局面。当司马懿重新掌握了主动权，迎来了人生的顺境后，他下一步要采取的策略是什么呢？从他的做法中，我们又能吸取怎样的经验教训呢？

策略三　造足局势，获得认可

历史上把公元249年正月发生的这次事变称为“高平陵事变”。这一事变，敲响了曹魏政权的丧钟，为司马氏政权的建立铺平了道路。其实，这个事变背后有很深刻的原因，司马懿的成功不是简单的成功，曹爽的失败也不是简单的失败。大家注意，中国古往今来所有的事变，都要三个条件。

第一个条件叫“势”。第二个条件叫“局”。第三个条件叫“变”。“势”讲的是民心向背，“局”讲的是力量对比，“变”讲的是时机条件。

首先从“势”上看，曹爽刚当领导就大肆安插亲信、独揽大权，而且公元244年伐蜀，被费祎和王平打得大败，连洛阳城的小孩都编童谣讽刺曹爽集团。民心就是天意，曹爽舆论不占优势，失去了民心。

第二，从“局”上看，曹爽在掌权之后搞了一系列的改革，极大地触动了世家豪门的利益，这些人联合起来，站在司马懿一边，成了司马懿的坚定盟友，而曹爽集团内部则出现了分化。双方的力量对比已经很悬殊了。

第三，从“变”上看，曹爽狂妄自大，听不进去正确的意见，没有风险意识，对司马懿的政变野心和狠辣手腕没有任何思想准备，一点应变措施也没有。

有了这三方面的因素，司马懿才能在短短几天时间里，就把八年多盘根错节、枝枝蔓蔓的曹爽集团连根拔起，消灭干净。不过，在下狠手之前，司马懿还做足了一篇文章，就是公布曹爽的罪证，制造舆论。

舆论就是民心，有了舆论才有合法性，这一点司马懿比谁都清楚。所以，他首先表现出的是一副宽容温和的姿态。

事变后，司马懿对曹爽采取了围观监视的策略，把曹爽软禁在大将军府里，在洛阳城周围郊县找了八百多群众，围着曹爽的府邸建了几个高高的围观楼。曹爽往后院去，上面人就喊，过去的大将军曹爽到后院去了，曹爽到前院去，上面人就喊，过去的大将军曹爽到前院去了，搞得曹爽精神很紧张。曹爽就试探着给司马懿写了封信，说我家粮食不够，快断顿了，太傅大人，可怜可怜我，给送点粮食吧。司马懿立刻回了封信，马上就给曹爽送了一百斛米，又送了肉、豆豉、咸菜等等。曹爽很开心，认为司马懿给他送吃的，说明司马懿并不想要他的命。

曹爽太幼稚了，他哪里知道司马懿下手有多狠。司马懿一边派人围观监视曹爽，一边给曹爽罗织罪名。司马懿给曹爽罗织的罪名都有什么呢？

第一是擅改祖宗制度。

第二是安排亲信。

第三是垄断禁卫军大权。

第四是挑拨上级领导关系。

第五是伤害核心干部队伍的利益。

当然这些都还是次要的，还有一个最重要的第六，淫乱后宫。把这些罪状一公布，最后把曹爽集团这八大家族都给剿灭了。

更狠的是，司马懿让曹爽集团的骨干成员何晏负责审理取证工作，何晏以为只要自己努力就可以免罪，所以干得特别卖力气，搜罗了大量证据。这属于自己人揭发自己人，更加可信，更加哑口无言。结果等到证据收齐了，何晏自己还是没有逃脱被灭门的命运。

《魏氏春秋》记载，宣王曰：“凡有八族。”晏疏丁、邓等七姓。宣王曰：“未也。”晏穷急，乃曰：“岂谓晏乎！”宣王曰：“是也。”

乃收晏。曹爽、曹羲、曹训兄弟三人，加上何晏、邓飏、丁谧、毕轨、李胜、桓范、张当，都被杀并夷灭了三族。

根据《资治通鉴》的记载，司马懿起事这一天是正月初六，而灭掉曹爽这一天是正月初十，初六动手，五天就把曹爽给灭掉了。之后到了正月十八这一天就大赦天下，区分新旧，重新安排人事。我们算一算，十三天时间，司马懿就把曹爽苦心经营了八年的班底给清理得干干净净、彻彻底底。

在忍了八年时间以后，司马懿终于扬眉吐气了，曹爽死了，司马懿的心情那真是“爽死了！”

“高平陵事变”之后，司马懿的太傅府俨然成为曹魏政权实际的控制中心，国家有大事，小皇帝都要登门请教司马懿。此时司马懿的权势和位置就如同当年曹操在汉献帝面前一模一样。

不过，就如同当年大汉的忠臣看不惯曹操一样，忠于曹魏的一些臣子也非常看不惯司马懿大权独揽。他们把司马懿看成是国家的敌人，必欲除之而后快！

司马懿一步一步从忠君爱国者的角色，走到了欺君叛国者的位置上。这个位置很尴尬，很危险，很有压力。我们相信，最开始投奔曹操的时候，司马懿是没有篡逆之心的。不过，在经过两次托孤，平灭了曹爽集团，双手沾满了曹氏宗亲的鲜血之后，司马懿是否动了篡逆之心，这一点就很难说了。

司马懿没有诸葛亮那样强烈的价值观，他在乎个人的得失，他不肯放弃权力，不肯安居闲职，更不能接受任人摆布的命运，司马懿要清除前进道路上任何敢于威胁他的人。

在这个斗争的过程当中，司马懿身边始终有两个忠实的战友，就是他的大儿子司马师和二儿子司马昭，这两个人跟着司马懿顶风冒雨渡过了很多艰难的时刻，是他最忠诚的执行者。司马懿这辈子最骄傲的一件事情，就是有两个特别棒的儿子。这两个儿子不光帮他渡过难关，而且给司马氏创立江山基业打下了坚固的基础。人一生中最大的成功就是教育子女的成功，同理，这人一辈子最大的失败是教育子女的失败。司马懿这个人很了不起，他特别重视孩子的教育，把两个孩子培养得文武兼备，跟自己一样，上马拿刀，下马拿笔，文武双全。

那么，司马懿在教育两个孩子的过程中，他使用了哪些策略和技巧？对我们今天又有什么借鉴意义呢？请看下一讲。

第九讲

教育子女有讲究

现实生活中有很多人，自己的一生很成功，但子女却表现得很差。出现这种情况往往是因为家庭教育出了问题，那么，什么样的家庭教育才是成功的呢？司马懿在子女教育上就非常出色，儿子司马师、司马昭最终很好地继承了他非凡的素质和能力。那么，司马懿教育孩子的门道究竟有哪些呢？

有句话叫“老子英雄儿笨蛋”，有的人自己的人生很成功，但说起自己的儿孙，却个个提不起来，要文没文，要武没武，和长辈的辉煌成就比起来，简直是大相径庭，这样的例子在生活中比比皆是，出现这种情况的原因大都是因为家庭教育出问题了。那么，要想教育好下一代究竟有什么好方法呢？在这方面，司马懿就做得很好，在几十年的戎马生涯中，他一直非常精心地培养和教育儿子司马师、司马昭，兄弟俩继承了司马家族很多优秀的素质和能力，最终为司马家建立西晋王朝铺平了道路。那么，司马懿培养孩子究竟有什么诀窍，我们从中又能得到怎样的启发呢？

咱们中国有一句俗话，“打仗亲兄弟，上阵父子兵”，关键时刻得靠自家人。这句话用来形容司马懿特别准确。我们看《三国演义》、《三国志》这些小说史料会发现，司马懿走到哪儿都把两个孩子带到身边，南征北战，而且司马懿这两个儿子行动迅速，部署周密，决策英明，表现得非常好。

《三字经》里有一句话，叫“养不教，父之过”。我们中国传统文化认为，父亲是孩子教育的第一责任人，孩子教育不成功，首先责任在父亲。司马懿这方面做得很好，尽到了一个第一责任人应尽的义务，把两个孩子培养得特别好。

研究三国这些人物，在培养孩子方面做得最好的，一个是孙坚，一个就是司马懿，其他都比较一般。下面我们就来看看司马懿在培养孩子方面的方法。

公元249年的正月，曹爽带着兄弟几人出城祭陵了。司马懿发现翻盘的机会来了，他决定趁机举事，扳倒曹爽。行动之前，司马懿把儿子司马师、司马昭叫到内宅密室当中，仔细做了安排部署，等所有的事情都安排妥当了，太阳已经落山了，司马懿打发两个儿子回房间休息，嘱咐他们养精蓄锐，单等来日动手。两个孩子告退后，司马懿并没有休息，他背着两个儿子偷偷地做了一件事情，司马懿找了个亲信，派他到后院去监视自己的两个儿子。

有人会说司马懿太过了，怎么连自己的亲儿子都不相信？其实并不是司马懿不信任自己的孩子，而是他想观察一下，在重大事件发生之前，这两个孩子表现得如何。这名亲信监视了半宿，回来向司马懿汇报，说大公子司马师回到屋里后，躺到床上呼呼就睡着了，睡得又香又甜很舒服。二公子司马昭回到房中以后，躺在床上辗转反侧，唉声叹气睡不着。司马懿心里暗自点头。

第二天早晨，司马懿顶盔挂甲、骑上战马到司马门外去检阅部队，他专门偷眼观察了一下两个儿子的精神状态。熬了一宿夜的司

左：司马昭（公元211—265年），字子上，河内温（今河南温县）人。三国时期曹魏权臣，西晋王朝的奠基人之一。他是司马懿与张春华的次子，司马师的弟弟，西晋开国皇帝司马炎的父亲。

右：司马师（公元208—255年），字子元，河内温（今河南温县）人。三国时期曹魏权臣，官至大将军。西晋王朝的奠基人之一。他是司马懿与张春华的长子，太祖司马昭的兄长，西晋开国皇帝司马炎的伯父。

马昭眼神暗淡，神情疲倦，再看司马师，精神饱满，容光焕发，老早就到门外组织军队列阵，手下这三千多敢死队盔明甲亮，威风凛凛。司马懿看完司马师，说了一句话，“此子尽可也。”(《晋书》) 意思就是，我这个儿子行，没让我失望。

我们通过这件事情，得到两个信息 :

第一就是司马懿在教育孩子上，特别细心，也特别用心，不管大事小事，抓住机会就要教育和引导他们。

第二，司马懿特别注重培养孩子的心理素质，而不是像我们今天很多家长净让孩子参加奥数班、钢琴班、舞蹈班。

现代教育理论认为，教育首先是教育一个学生成为一个完整健康的人，其次才是掌握一门技能。如果因为逼着孩子练琴，让孩子变得憎恨音乐，这个教育是成功的还是失败的?

司马懿特别注重对孩子心理素质的培养。那么在培养过程当中，有两个关键词：沉着、冷静。司马懿认为沉着、冷静、遇事不慌，这才是做大事最重要的品质。曹爽就是因为关键时刻惊慌失措，压不住阵脚，最后才失败的。一个人事业要成功，沉着冷静的心理素质是十分关键的。在我们的传统文化中，这叫做“任凭风浪起，稳坐钓鱼船”，“每临大事有静气”。

我们想用心理学给大家解释一下，为什么沉着冷静是成功的关键。

给大家讲个小例子，是中国古代一个笑话，名字叫“醉打老虎”。说村里边有一个人，到临村去看朋友，喝酒喝醉了，这时天已经黑了，这个人打了个灯笼，迈着醉步，哼着小曲回家。村庄周围都是大山，他回家的过程当中村里边出事了，有一只老虎迷路了，闯进村里，吓得全村人关门闭户谁也不敢出来，更要命的是，这只老虎就蹲在这个人家门口了。吓得全家人关起门躲在屋里，大气也不敢吭。

话说这醉汉拎着灯笼，晃晃悠悠来到了家门口，老虎一看，嘿，晚餐来了，还是酒心的，老虎就站起来了。醉汉模模糊糊地看了看，毛茸茸一个大家伙，醉汉就说，这谁家的牛在俺家门口挡着道。接着就冲老虎说，滚，走开。

老虎冲着醉汉一龇牙，醉汉说，嘿，还冲我龇牙！抡起手中的棒子照老虎脑袋“砰”地来了一下，把老虎打得这个疼啊，老虎瞅着醉汉“嗷”地叫了一声。醉汉抬起脚就踹。老虎被打疼了，转身就跑了。醉汉，一脚踹开了家门，发现院里没人，醉汉心想家里人睡得真早啊，挑着灯笼就进了屋。

全家人都很惊讶，他老婆跟他说：当家的，你怎么进来的？

醉汉说：我走路进来的啊。

他老婆说：你进来的时候看到门口蹲着什么东西了吗？

醉汉说：哦，看见了，门口蹲着一头牛，冲我叫了两声，我拿脚把它踹走了。

他老婆说：妈呀，那不是牛，那是老虎。醉汉说：不可能，那是牛。他老婆说：当家的你想想，牛有犄角，它有吗？而且它一龇牙，满嘴钢牙利齿，牛嘴是那样的吗？它真的是虎啊。醉汉眨巴眨巴眼睛一想，哎呀妈呀，真是虎！灯笼掉在地下，吓昏过去了。这个故事就叫“醉打老虎，事后害怕”。

通过这件事情我们能看到，人不缺打老虎的力量，缺的是打老虎的胆量。老虎在眼前的时候，你不怕它，你能把它打跑；老虎在天边的时候，你怕它，它能把你吓倒。我们很多时候不是因为能力不具备，而是因为心理素质没到位。

管理智慧箴言

人不缺打老虎的力量，缺的是打老虎的胆量。老虎在眼前的时候，你不怕它，你能把它打跑。老虎在天边的时候，你怕它，它能把你吓倒。

司马懿就发现，做大事，不是要力量而是要胆量，得有这个胆识。曹爽就是那个醉汉，手里有棒子，眼前有军队，还有人支持，要不怕就能把司马懿打败，但是他根本没有这个胆量，所以最后失败了。司马懿就想，不能把儿子培养成曹爽这样的人。所以他才会在大战前夜派亲信去刺探两个儿子的表现，结果他发现，大儿子司马师没什么问题，小儿子司马昭有提升的空间、改进的余地，还得继续锻炼。

心理素质单靠读书能培养出来吗？不能；在屋里坐着练能练出来吗？练不出来。心理素质必须要在大事当中去磨炼。司马懿把两个儿子带在身边，一生当中所有的惊涛骇浪都让两个孩子跟着自己一起经历，经历了风雨之后，两个孩子才能长成大树。温室里养苗，养的是一棵纤弱的小草，野地里风雨中养苗，养的才是参天大树。司马懿用的教育方法就是实践训练法，通过挑战性任务进行实践训练，这个方法我们大家都可以借鉴。

管理智慧箴言

温室里养苗，养的是一棵纤弱的小草，野地里风雨中养苗，养的才是参天大树。

在生活中，一些家长因为怕孩子有危险，受委屈，就阻止孩子做很多事。这样一来，孩子因为缺乏磨炼，就会出现心理素质不够好、能力偏低的状况。司马懿深谙其中的道理，在他的调教和培养下，司马师、司马昭兄弟的素质直线上升。但一件大事的成功，往往要经历不小的磨难，困难面前很多人会选择退缩。那么，当大的困难来临的时候，我们又该如何去做呢？

心理素质怎么训练呢？我来举个例子，有一个长跑选手参加比赛，争夺冠军，上场之前特别紧张，系完鞋带发现把两根鞋带系在一起了，跑不了了。这名选手的教练曾经是个冠军，教练见此情景拍拍他的肩膀说，小伙子别紧张，我告诉你一个秘诀，你一定可以拿冠军。教练告诉选手，以后在训练的时候，把那个环城赛道分成几段，每一个段做个标记，比如邮局、车站、商场、医院，跑的时候不要想终点，开始跑就想第一个阶段的目标——邮局，十五分钟跑到邮局就能得冠军，注意力集中在这阶段任务上。等到了邮局再想，我二十分钟跑到车站，到了车站之后再想商场，到了商场再想医院，最后再跑进体育场，脑子里就只有一个念头，以最快速度、用全身心去冲刺，最后就得冠军了。这种方法叫“切片法”。一个庞大的任务，本身非常艰巨，会抑制人的创造力，会让人发挥不好，建议大家，把这个任务分解成若干阶段性的目标。每次做的时候只想眼前的阶段目标，这样就能把注意力都集中到任务本身上。效率自然就提高了。

通过司马懿的训练，他的两个孩子成长得非常好，那么除了训练孩子的心理素质以外，司马懿家族还有其他的几个教育方法值得我们借鉴。

方法一　沉浸教育，养成习惯

说到这种教育方法，我们要提到司马懿的家世。司马懿是世家子弟，从祖上开始，家中就特别重视教育，家里的学习氛围特别好。我们举司马懿家里的两个人。

第一个人是司马懿的父亲司马防。史书上记载，说司马防身材魁梧，很有权威，注重威仪，司马懿家族的人个头都很高。有人问我心目中司马懿的形象是什么样，我心中的司马懿形象就是《潜伏》当中的那个站长的形象，身高还得再增加十五公分。

司马懿的父亲司马防当年闲居在家的时候，特别注重教育，《三国志》记载，司马防对孩子教育非常严格，子女平日跟他相处都非常严肃。不让站不敢站，不让坐不敢坐，不问话大家不敢说。这种严格的教育给司马氏家族的孩子造成一个共同的性格特点，就是特别能忍耐，性格坚韧，而且遇事沉着冷静，不慌张。

司马防（公元149—219年），字建公，河内温县（今河南温县）人，其父司马俊是东汉颍川太守。司马防生于汉桓帝建和三年（公元149年），卒于汉献帝建安二十四年（219年），终年71岁。有八子，就是历史上著名的“司马八达”，晋宣帝司马懿是其次子。

中国有句话叫严父慈母，父亲要严要求，母亲要体贴。关于严格教育，现代心理学是这么认为的，孩子在小的时候，养成习惯特别重要，尤其在小学阶段，得有很好的生活习惯和学习习惯。

严格教育对养成一个人的习惯特别有帮助，不过严格得有严格的方法。现在心理学研究称做“用爱心增加严格的力量”，意思就是说对孩子提严格要求的时候，一定得带着爱心，怎么做呢？就是训完他以后，得关心他一下。心理学是这样分析的，当你拍桌子瞪眼睛训一个孩子的时候，孩子往往会觉得，不是我做得不对，是你看我不顺眼，我即使做对了你也得骂我，因为你不喜欢我。如果训完他之后，摸摸他的脑袋，给他倒杯水，跟他聊会儿天，一起玩个游戏或讲个笑话，小孩会产生认知不协调。第一，批评我了，肯定是对我有意见。第二，为什么摸我的脑袋，和我玩游戏，说明喜欢我，这么喜欢我刚才为什么还批评我？说明我真的错了，那我要抓紧改正啊。这就是爱心会增加严格管教的力量。

很多家长都会觉得，我拍桌子瞪眼睛骂了他，为了保持一致，我应该两天不理他，如果你这样想，那就错了，应该立刻就理他，而且要带着爱心，带着喜欢，这样才能调动孩子的心理能量，让他去改变自己的行为。

战场上也是这样，我们对待敌人要像秋风扫落叶一样无情，但是我们对敌人的俘虏要像春天一样温暖。爱心加严格，对改造一个人是非常重要的。司马懿家族整个的教育基础就是在这儿，在严格要求的同时，还有爱心付出，孩子们成长得就非常好。

司马懿的家族的第二个人，我们想谈谈司马懿的哥哥司马朗。司马懿家人丁兴旺，有八个孩子，所有孩子最后一个字都叫达，伯达、仲达、叔达、季达、显达、惠达、雅达、幼达，八个孩子都很出色，历史上称做“司马八达”。司马懿排行老二，大哥叫司马朗，《三国志》记载，司马懿的故乡河南温县离首都非常

司马朗，晋宣帝司马懿的长兄，东汉末年政治家。曹操任司空后，司马朗被辟为司空属官，又历任成皋令、堂阳长、元城令、丞相主簿、兖州刺史等职，所在皆有政绩，深受百姓爱戴。后司马朗与夏侯惇、臧霸等征讨吴国，到达居巢。军队中流行瘟疫，司马朗亲自去视察，派送医药，因此染病去世，年仅47岁。

近，东汉末年天下大乱，连年兵灾，温县是个重灾区。诸侯讨董卓，吕布战曹操，都是在这一带发生的。中国古人有句话说，“宁遇恶虎，不逢善兵”。由于常年战乱，温县人口损失过半，田园荒芜，哀鸿遍野，民不聊生。在那种艰难的情况下，司马朗延续了司马家的教育传统，收恤宗族，把孩子们都集中在一起，自己亲自教这些孩子读书。越是困难的时候越是重视教育，而且不因为天灾人祸而改变。这件事让我们非常佩服。中国人特别讲究“风雨如晦，鸡鸣不已”，“国乱传正道，家贫子读书”。即使天下大乱，也不放下教鞭。教育说小了关乎家运，说大了关乎国运，一个家不重视教育，孩子没有未来，一个国不重视教育，民族没有未来。

我们看到现在很多家长自己工作很忙，功成名就，孩子们不愿意上学就不上了，不想读书就别读了，这样做说小了伤害家庭，影响孩子的前途，说大了影响国家民族。而司马懿家里就有这个光荣的传统，在任何情况下都得坚持教育，鼓励孩子读书。

关于读书的氛围，专家概括为八个字，叫“法、侣、财、地、师、德、慧、悟”。“法”就是学习方法，“侣”就是身边有一起学习的伙伴，“财”是指教育投入，“地”是指专门的学习场所，“师”是得有一个合适的老师，“德”是指正确的学习态度，“慧”是具备一定的智力基础和一定的智力投入，“悟”是形成个人观点，能够融会贯通。“法、侣、财、地、师、德、慧、悟”，这八个字只要做到其中六个字，就可以脱颖而出。教育是指导不是指责，教育是示范而不是口传。司马朗家里就是因为有这样很好的教育理念和教育环境，所以人才辈出。

管理智慧箴言

教育是指导不是指责，教育是示范而不是口传。

有些人认为，孩子太小的时候不懂事，谈孩子教育为时尚早。然而专家研究表明，孩子越小，越是性格养成和认知能力培养的关键期，而在这个时期，母亲恰恰是离他最近的人，因此母亲的教育是否妥当往往对孩子的成长至关重要。那么，司马师、司马昭兄弟俩的母亲是个怎样的人？她对孩子的教育培养又会带来哪些帮助呢？

方法二　母爱教育，培养好性格

这里我们要讲讲司马懿的原配夫人，也是司马师和司马昭的母亲——张春华。这位张春华夫人可是位厉害角色，《晋书》记载，她比司马懿小八岁，少有德行，天资聪颖，胆识过人。

大家记得，在第二讲中我们提到，曹操征召司马懿去政府做官，司马懿不去，使用的拒绝方法是装病，而且他装病的难度还比较大，要装“风痹之症”，就是中风、生活不能自理，每天只能躺在那儿一动不动。

有一天司马懿的个人藏书晾在院子里边，正在晾的时候，天有不测风云，一块乌云来了，立刻下起了倾盆大雨。司马家的人有学习传统，都特别喜欢书，司马懿更是嗜书如命，一看下雨，也忘了

张春华（公元189—247年），西晋宣穆皇后，河内平皋（今河南温县）人。她是晋宣帝司马懿之妻，晋景帝司马师、晋文帝司马昭的母亲。后被追尊为皇后。

自己正在装病，半身不遂了，从床上一跃而起，跑到院子里，三下五除二就把书给收起来了，回去躺在床上继续装病。那个时候司马懿家中三口人，司马懿、张夫人，还有一个小丫鬟，司马懿跳起来收书这件事情就不小心被小丫鬟看见了，这件事情给小丫鬟带来了厄运，小丫鬟看到后，也没说话就走了。但是张夫人看见小丫鬟目睹了这个场景，心里就翻了个儿了，心想万一走漏了消息，让曹操知道我们是骗他，全族人都得死啊。张夫人经过激烈的思想斗争，决定下狠手，于是把小丫鬟弄到后院亲手杀了。通过这件事情，我们能看出这位张夫人有以下四个特点：

第一，心狠手辣，真是一个辣妹啊，能下狠手。她的手腕绝对不亚于司马懿，关键时刻果断坚决，敢下狠手。

第二，很有大局眼光、风险意识。她知道曹操是什么人，也知道这件事情的后果有多可怕，眼光很长远。

第三，她很了解丈夫的苦心。男人干事业不容易，老婆得多关心。张夫人会主动替丈夫司马懿着想。

第四，张夫人根本没把小丫鬟这条命当回事。在那个年代，一个奴仆命如草芥，根本没人在意。

张夫人杀了小丫鬟后，家里边没人做饭、洗碗、擦桌子、扫地了，于是她自己卷起袖子干丫鬟的活。《晋书》记载，张春华杀丫鬟这一年还不到二十岁。一个十多岁的女孩子就能干这种事，你想想，这是一个什么样的意志、什么样的思维啊？所以司马懿对这位原配张春华夫人又敬又爱，还有点怕。

张夫人二十一岁时生了大儿子司马师，二十三岁时生了二儿子司马昭。这两个孩子就在她的精心抚育下健康地成长。在三国中，我们可以看到很多母亲抚养孩子的典型案例。大家看，刘备少孤，没有父亲，是由妈妈抚养长大的。姜维少孤，爹死得很早，是由妈妈抚养长大的。邓艾少孤，也是由母亲抚养长大的。中国的母亲在这些英雄的教育中扮演着独特的角色，最著名的例子有岳母刺字、孟母三迁。心理学认为，母亲是孩子学习的第一个源泉，我们会从她那儿学到很多东西。大家看，世界各国的语言五花八门，但有一个很独特的现象，有一个词在各种语言中发音都一样，这个词就是“妈妈”，这说明整个人类对母亲的依恋和认同。而且，母亲对孩子性格的形成是起至关重要的作用的。司马师、司马昭跟着张春华这样的母亲，从小耳濡目染，受到很多引导，逐渐地形成了他们的性格。张春华的果敢坚毅、敢作敢当和心狠手辣，直接影响了司马师和司马昭，给他们以后的成长和成功打上了深深的烙印。

不过后来情况有了变化，司马懿发达了，事业成功以后，司马懿又娶了三个夫人，而且越娶越年轻，越娶越漂亮。而此时张夫人已经连着生了四个孩子，年老色衰了，她彻底失去了宠爱，甚至很少有机会见司马懿了。正所谓“由来只见新人笑，有谁听到旧人哭?”《晋书》上记载，有一次司马懿得病了，张夫人很惦记，就大老远跑过来看司马懿，两人当时已经分居，司马懿跟其他夫人住在一起。张夫人来看司马懿，司马懿就觉得她很碍事，因为她来了别人都不敢来了。司马懿就说了一句特别狠的话，“老物面目可憎，何来烦人！”(《晋书》)。意思就是，你这个老东西，长这么难看，别来烦我，快走吧。大家想想，这话太难听了，司马懿把恩情、感情、这么多年的相濡以沫都扔到哪儿去了？张夫人一听就急了，又气又恨又绝望，回去之后决定绝食自杀，你不是不喜欢我吗？我不活了。

司马懿的原则就是，你绝食吧，死就死，我不管。但是司马师、司马昭可不干了，那是他们的亲妈啊，两个人决定跟娘一起死。张夫人绝食，这哥俩也跟着滴米不进、滴水不喝，这下可把司马懿急坏了，他连忙给张夫人谢罪，经过再三道歉，张春华才放弃了绝食。这个事情发生以后，司马懿再也不敢得罪这位夫人了。通过这件事情我们能看出，张夫人的晚年感情生活不很成功，但是在孩子教育上非常成功。两个儿子跟她特别亲，关键时刻真上啊。司马师和司马昭在性格上果断、坚韧、勇敢，很多方面都特别像张夫人。母亲对孩子性格的形成产生了巨大的作用。

关于孩子性格的形成，我们跟大家分享一个现代教育成果，就是什么样的母亲对孩子好性格的形成有影响呢？研究发现，假如母亲有这么几个典型的品质：一个是慈爱，一个是勤劳，一个是体贴，对孩子人格的健康成长最有作用。那么什么样的母亲有利于孩子形成积极的生活态度和学习态度呢？一个是关心支持，一个是会沟通，一个是乐观开朗。在孩子学习遇到困难、考试不及格的时候，不是拍桌子瞪眼睛说你怎么这样没出息，而是要乐观开朗，说有问题不怕，咱们来一起解决问题！

在有些家长眼里，孩子就是家中的宝，捧在手心里怕摔了，含在嘴里怕化了，因为疼爱，所有困难麻烦的事情都自己来做，唯恐委屈了孩子。然而，这样培养出来的孩子往往能力低下，遇事没有担当。而司马懿就深谙其中的道理，那么，在孩子的体验教育方面，司马懿是怎么做的？我们从中又能获得怎样的启发呢？

方法三　体验教育，提升核心能力

说到体验教育，我们先给大家讲一种教育现象。大家看司马懿是个高人，但是教育有一个特殊现象，叫做“高人教不出好徒弟”，往往是“高人带出低徒弟，勤妈带出懒闺女”。现在很多年轻的女孩子都不会做饭，而且她做饭的水平跟她妈妈的做饭水平成严格反相关，妈妈做饭水平越高，孩子做饭水平越低。为什么会形成这种现象呢？我们分析一下。

你看家里边，妈妈在厨房里做饭，闺女下班回来了，进厨房，“妈我帮你切西红柿”，说着话“噬噬”对着西红柿就是两刀。妈妈急了，“你这是切西红柿还是切手？吓死我了，你赶紧走赶紧走，去，跟你爸看电视去，饭我一会儿就做好了。”

确实，如果让闺女来干，做得又慢又差又难吃；自己干呢，又快又好又省心。但妈妈们要想一个问题，如果不让她干，她能学会吗？等你以后指责她，“你怎么不会做饭？”闺女会反驳，“那是因为你妈妈把平台给你了，你不把平台给我。”

所以，高人要想培养下属，最重要的是什么？把你擅长的事情交给他去做，把你的平台给他。他明明要犯错误，让他犯，犯错误之前不着急，犯错误之后也不生气，他做得比你差，还得给他鼓掌，得有这样的胸怀。

现代管理学把这叫做“鼓励B级的人做A级的事情”，给培养对象犯错误搭个平台。我们真得有授权的勇气，允许他去犯错误，犯错是人生最重要的学习方式，你不能指望他一上来就像你这么完美。

所以，我经常跟我的研究生开玩笑，比如你谈女朋友了，感情很好，第一次去老丈母娘家，老太太做了一桌子饭，这顿饭做得又快又好，山珍海味，荤素搭配，面对这一桌子好饭，你说你是该高兴还是该难受呢？我告诉你，你该难受啊。第一，你女朋友口味很刁，标准在这儿呢，她从小吃得就很好。第二，她妈很厉害，她啥也不会。第三，她将来对你也是这个标准要求。

你再想，假如第一次到老丈母娘家，老太太做饭又慢又差，炒个菜还炒糊了，大多数都是街上买的熟食，而且买的还不对口味。面对这一桌子又烂又差的饭，你说你是该高兴还是该难受呢？我告诉你，该高兴，你女朋友有平台，应该锻炼得很好，另外她标准很低，差不多就行。第三，实在不行了，你跟她说，连你妈都不行，何况我了，这一句话就解决了。

所以说高人带不出高徒弟，因为他不愿意把平台让给人家，真正会培养人的高人要敢于授权才行。

司马懿在这一点上做得非常好，知道放手，让孩子独立。父母会替孩子想很多事情，冷了，热了，渴了，遇上刮风了，赶上下雨了，找不着路了，你都替他想了，他怎么成长啊？所以教育就得放手让孩子独立。关于司马懿的这种独立教育，我们举一个小例子。

《三国演义》第95回讲到马谡失街亭的时候，开篇有一小段，说司马懿带着大军到了街亭附近，扎下营盘以后，派人到街亭去哨探，这个任务有一定的风险，司马懿派的是谁呢？是小儿子司马昭。原文是——

司马昭奉令探了一遍，回见父曰："街亭有兵守把。"懿叹曰："诸葛亮真乃神人，吾不如也！"昭笑曰："父亲何故自堕志气耶？男料街亭易取。"懿问曰："汝安敢出此大言？"昭曰："男亲自哨见，当道并无寨栅，军皆屯于山上，故知可破也。”懿大喜曰：“若兵果在山上，乃天使吾成功矣！”遂更换衣服，引百余骑亲自来看。

通过这件事我们就能看到，司马懿把最有风险、最前沿的侦察任务交给自己的亲儿子去干，不怕他出事，不怕他冒风险。而且在他干这件事情的过程当中还亲自跟他沟通、交流，讨论这个任务，这就是司马懿独特的教育方法，我们称为体验教育，就是从小事做起，让孩子去亲身经历。

我们中国人经常讲要加强学习，大家注意学习这两个字，“学”指的是获得理论，“习”指的是获得实践体验。我们现在很多大学生最大的问题在于学得太多、习得太少。

有人问我，说赵老师，你这么多道理从哪儿学来的？其实，我不是学出来的，是习出来的。我们每一讲里面都有大量的民间智慧、老百姓的口头谚语，有很多押韵的句子、排比句，这不是凭空创造的，都是在实践中一点一点总结出来的。要想培养能力，不光要学，一定还要习，就是在实践中去体验，去磨炼。

这个经验叫“做小事长大本事”。从做小事开始，小改进、小进步、小习惯，最后长大本事。道家的经典著作《道德经》当中就有一个说法，“天下难事必作于易，天下大事必作于细。”伟大的事业都从小事开始训练的，最难的事情就是每天做点容易的。做小事情长大本事其原因有二：

第一个叫做“扩散效应”。孩子的成长特点就是，一件事情进步了，其他方面都会进步。比如学会自己的事情自己做，擦桌子扫地搞卫生，自己整理书包，帮家长做点家务，或者记个日记什么的，你会发现，只要一个小事情进步了，他在各个方面就会跟着一起成长。这就叫“扩散效应”。所以教育孩子就是从眼前的小事做起，从家里的鸡毛蒜皮、饮食起居做起，一件小事进步了，各个方面也就都进步了。

第二个叫做“内部感觉效应”。专家研究发现，一个有超强能力的人做事情，他的思维模式不是靠头脑逻辑，而是靠直觉判断。就好比游泳，学会游泳理论之后得下河，在河里一旦遇到漩涡、暗流、水草缠脚、腿抽筋了怎么办？这时只有一两秒钟的求生机会。在这种情况下，根本不可能做理论判断、系统分析，没有那个时间，靠的全是直觉反应。所以知识不能转化成直觉反应，就不是能力，它只是知识。有些人是书虫，头脑中有很多知识，可是一点能力也没有，因为他没有转化。知识要转化成能力，最重要的一环就是经过实践的训练，训练直觉反应，而这种反应就是从小事上做起的。水平低的人遇见事情，想的是三原则、四法则、五要素、六标准，水平高的人做事情，想的是这件事情哪年哪月我曾经经历过，历史上谁还经历过，他们是怎么做的。这就叫把知识跟经验相结合，学以致用，知识就活起来了。司马懿就是让孩子们把知识跟经验相结合，在小事上坚持不断地去磨炼。所以教育孩子，最要紧的就是做好小事情、寻求小改进，不要放过眼前每件小事。擦桌子、扫地、搞卫生，爱惜粮食、帮助别人、自己的事情自己做，这些都是非常有价值的。“小事不可小看，小事不可随便！”

司马懿素怀大志，他希望自己的孩子能成为自己的可靠助手和合格的接班人。因此，从很早的时候起，他就开始了对两个孩子的培养，“第一要事，教子读书”。当年官场失意，蜗居在家的时候，司马懿和孩子们一起白天练剑，晚上读书，讨论天下大事，督促两个孩子学习进步，坚持不懈。后来司马懿得意了，大权在握的时候，他没有把孩子们养在富贵乡里衣来伸手饭来张口，而是让他们跟自己一起顶风冒雨、冲锋陷阵，去经受人生的考验、战争的洗礼。

其实我们想一想，以司马懿当时的太傅身份，一手遮天，他完全有条件让孩子们过富贵荣华的生活。司马师、司马昭只要走到街上说一句，我爹是司马懿，就可以要风得风，要雨得雨。但是司马懿没有那样做，父母再好不能跟一辈子，孩子将来怎么办？给眼前不如给未来。我们很多家长就是给眼前的家长，这也安排好了那也安排好了，要什么给什么，但是不注意教育培养，没有自强自立，这等于把孩子给害了。教育子女就是这样，在最爱的时候，要能节制自己的爱，让他去磨炼，去经受风雨的洗礼，生活的历练。过度的爱是伤害。你爱孩子很对，但爱的时候得有所保留，有所节制。不懂得节制自己的爱，就会把孩子害了，养花得浇凉水，不能浇热水。现在我们很多家长给孩子浇的是开水，那份爱温度太高了。

管理智慧箴言

养花得浇凉水，不能浇热水。

司马懿在这一点上很了不起，作为一个父亲，他给孩子准备的，不是温暖的富贵窝，而是枪林弹雨的战场，每一次出征，总是带着他的两个儿子。不但让他们在战场上摸爬滚打，还当场示范，亲手指点，简直就是言传身教的典范。不是泛泛而谈用兵之道，而是让他们冲锋陷阵，在战斗中学习战斗，在战争中熟悉战争。司马懿既是父亲，又是老师，那真是掰开了揉碎了，苦口婆心，言传身教。

回过头来想一想，曹爽跟司马师、司马昭兄弟俩的成长就完全不一样。大家想想，当年曹真如果像司马懿这样培养自己的儿子，司马懿在“高平陵事变”中会不会那么轻易就得手，老曹家男女老幼上百口子，还会惨遭灭门吗？

如果九泉之下，曹真要是质问曹爽：“你怎么这么没出息啊？”曹爽完全可以反问曹真：“你看看司马懿是怎么培养儿子的？你看看你是怎么培养我的啊？”所以我们还是说那句话，人生最大的成功是子女教育的成功，人生最大的失败是子女教育的失败。

管理智慧箴言

人生最大的成功是子女教育的成功，人生最大的失败是子女教育的失败。

司马懿有很多缺点，很多地方要否定，但是司马懿有一点值得我们每个人学习，就是人家教育孩子下真功夫。像我们现在有些家长，希望孩子得到锻炼又怕他们摔跟头；希望子女成才又不敢真的放手。一天到晚，捧着、宠着、护着，明明是小老虎，都养在温室里，养得胖嘟嘟的跟小猪一样。这种现象确实需要我们反思。司马懿像一只老狼，带着两只小狼在荒原野地上打猎，一边打猎一边传授捕猎技巧，苦心栽培，终于将司马师、司马昭兄弟俩培养成为文武兼备、意志坚强的领导者。在司马懿即将走到生命终点的时候，司马师、司马昭两兄弟挺身而出，接过了司马懿肩上的重担。那么司马师和司马昭作为司马家第二代领导人走上历史舞台以后，他们又是怎么迎接挑战，应对危机的呢？请看下一讲。

第十讲

稳定局面讲谋略

在一个团队中，新领导上任的首要任务是稳定局面，这个问题处理不好就会发生内讧，给团队建设带来极大的威胁。司马懿去世之后，司马师和司马昭就遇到了这个问题，靠着父亲传授的经验，兄弟俩最终克服了重重困难，为西晋王朝的建立打下了牢固的基础。那么，司马氏兄弟稳定局面的谋略都有哪些呢？

一个团队要想发展，稳定的局面至关重要，对一个新领导而言尤其如此。新领导大都年轻、资历浅，团队中的骨干常常会为各种原因对他横挑鼻子竖挑眼，这些问题解决不好，就会导致团队发生内讧。那么，怎样才能获得稳定的局面呢？司马懿在离开人世之前，最放心不下的就是两个孩子能否稳定住局面。在经过一番惊心动魄的较量之后，司马氏兄弟最终克服了重重困难，为西晋王朝的建立奠定了稳定的基础。那么，司马氏兄弟都是怎么做的？我们又能借鉴到哪些管理智慧呢？

中国人有一句话，“人在人情在，人走茶就凉”。司马懿很懂得这个道理，自己活着的时候，一手遮天，独揽大权，看在司马懿的面子上，周围的人对司马师、司马昭相当认可，非常赞赏，但这十有八九是碍于司马懿的权势，随声附和，这一点司马懿自己非常清楚，所以七十多岁的司马懿最惦记的一件事就是，万一哪天自己驾鹤西去，两个儿子还能不能获得这样多的支持和认可？他们能不能稳定地掌握住权力？万一有人闹事，这两个孩子能不能把局势给掌控住？这是让司马懿很纠结、很担心的一件事情。

根据《三国志》和《晋书》有关资料记载，公元251年，即曹魏嘉平三年的春天，在从首都洛阳通往曹魏政权东部中心扬州的水道上，浩浩荡荡开来了一支船队。船队的将士个个盔明甲亮，威风凛凛，中军大船上高扬着一面帅旗，帅旗上绣着两个斗大的字——“司马”。这支精锐部队的指挥官就是司马懿，这一年司马懿已经七十三岁了。

司马懿此行可不是烟花三月下扬州去看美景的，而是去抓人的。要抓的这个人名字叫王凌。《三国志》中专门有王凌的传记，王凌这个人的出身可不简单，他是司徒王允的侄子，就是那个借助貂蝉，使用“美人计”和“连环计”灭掉董卓的司徒王允。

董卓死了以后，王允与吕布共执朝政，董卓的手下李傕、郭汜纵兵作乱，王允死在乱军中，而王凌侥幸逃生，后来投奔了曹操。王凌深得曹操的赏识，在曹魏政权中职务越做越高，到了公元251年，王凌的职务也已经升到太尉了，身为四朝元老坐镇扬州，要威信有威信，要实力有实力。王凌本来跟司马懿的关系不错，尤其跟司马懿的亲哥哥司马朗是好朋友。

就在这一年，司马懿得到一个重大的消息，王凌身边的人到司马懿这里告密，说王凌和他的外甥兖州刺史令狐愚要联合造反。《汉晋春秋》载，“凌、愚谋，以帝幼制於强臣，不堪为主，楚王彪长而才，欲迎立之，以兴曹氏。”两个人对司马懿大权独揽不满，认为小

王凌，字彦云，太原（并州）祁人，汉司徒王允之侄。嘉平三年（公元251年），因不满司马氏擅权专横，王凌以讨孙吴为名表求发兵，又遣杨弘说兖州刺史黄华共同举事。杨弘、黄华告发，司马懿率中军征讨。王凌见事败，降于丘头（今河南沈丘东南），饮药自杀。

皇帝曹芳年幼无知，曹魏大权被司马懿给篡夺了。所以两个人想拥立年长一点、有一点能力的楚王曹彪，从司马懿手中把权力再夺回来。一听到这个消息，司马懿急了，决定立刻把王凌拿下。司马懿做事果断，一贯的作风就是不动则已，一动飞快！在决定要拿下王凌之后，司马懿立刻组织部队，还没等王凌反应过来，司马懿就已经到了扬州了。王凌无奈之下，坐了一个小船来见司马懿，“凌自知势穷，乃乘船单出迎宣王，军到丘头，凌面缚水次。宣王承诏遣主簿解缚反服，见凌，慰劳之。”（《三国志》）意思是王凌知道自己打不过对方，就把自己捆起来，到水军中军大营来见司马懿，司马懿安排了行军主簿前来，对王凌安慰了一番，给他把绳子解开，让他回去听信。王凌以为这就没事了，其实这只是司马懿的一招，就是先稳住他。

但王凌想跟司马懿单独说话，就又坐上小船来见司马懿，在离司马懿中军大船还有十几丈的时候，司马懿派人阻拦，不让王凌上船。王凌心里有不祥的预感，估计司马懿要对自己下狠手，七十多岁的王凌隔着船向司马懿喊话，“卿直以折简召我，我当敢不至邪？而乃引军来乎！”（《三国志》）意思就是，你只要写封信给我，我就来了，何必兴师动众带大军来呢？

司马懿冷笑一声说，“以卿非肯逐折简者故也。”意思是我不会写信召你的，因为你不是那种写信就能召来的人，隐含的意思是：我就得带军队来抓你。王凌一看情势不妙，说“卿负我！”司马懿说，“我宁负卿，不负国家。”于是把王凌抓了，准备押解到首都去处理。

王凌还是吃不准司马懿最后的态度，于是他想了一个主意，“试索棺钉，以观太傅意”，王凌向司马懿要铁钉子，通过这个来试探自己的命运。周围人都不知道王凌要铁钉子干什么，司马懿也问，你要钉子做什么呢？王凌说，我岁数大了，怕哪天死了没有钉子钉棺材，您给我点铁钉子我好准备一下。这意思就是，你要是不给，就说明你没有杀我的心；你要给了，就说明你有杀我的心，这次在劫难逃。

现代人可能会觉得，直接问多好啊，干脆就问司马懿：“你要我的命吗？你杀不杀我啊？”古人不这样，古人有一种习惯或者说一种传统，在重大的利害攸关的问题或者重大的感情问题上，一定要用含蓄的表达方法，这是中华文化一个独特的现象，叫“二元式表达”。有一首古诗我特别喜欢，“盈盈一水间，脉脉不得语”。（《古诗十九首》）这句话翻译成现代汉语就是，我和我心爱的人隔着一个浅浅的水沟，我看着她，她看着我。她不说话，我也没说话。我们俩深情地注视着，从早晨到中午，后来天黑了，我们俩又看了一眼，就各自回家了。这把西方人给急的，说你跑过去、冲过去、抱上去，然后说一个I love you，这不就行了吗？中国人不这样，中国人觉得讲白了就没意思了，就不美了。所以我们的文化都是暗示文化，我们的感情都是含蓄感情。你看，两个西方男生女生谈恋爱，说我很喜欢你，你喜欢我吗？答案就是Yes or No。中国人不是，中国人有第三个答案，男生问女孩子，我很喜欢你，你喜欢我吗？女孩说，你猜！这就是含蓄，中国人的表达就是这样，话里有话，得知道背后的意思，这是中国文化的特点，也是中国美学的特点，不是直白的美，而是含蓄的美。

王凌就是在用这个暗示表达，问司马懿，你要我命吗？司马懿呢，真的二话没说就给他铁钉子了。王凌知道逃不过去了，当押解队伍到达项城的时候，王凌晚上和身边的随行人告别，接着就自杀了，看到水边有已故大臣贾逵（字梁道）的祠堂，王凌死前大呼："贾梁道，王凌固忠于魏之社稷者，唯尔有神，知之！"死时很壮烈。

处理完王凌以后，这一年的八月，七十三岁的司马懿病倒了，这次不是装病，是真的病倒了。按照《晋书》的说法，在病中，司马懿的眼前全是王凌、贾逵义正辞严痛斥自己的样子。虽经百般调治，但是病势毫无起色，越来越沉重。

弥留之际，司马懿将两个儿子司马师和司马昭唤到床前，托付后事，关于托付后事的内容，正史上没有记载，不过《三国演义》上倒是写了一小段，司马懿对两个儿子是这么说的："吾事魏历年，官授太傅，人臣之位极矣；人皆疑吾有异志，吾尝怀恐惧。吾死之后，汝二人善理国政。慎之！慎之！”

这段话有两个要点。第一，我们可以看出司马懿的心病是有人说他要造反，自从当年曹操说他有狼顾相、有二心之后，这一直是司马懿的心病；第二，司马懿嘱咐两个儿子掌握大权后一定要小心，小心，再小心！

公元251年的秋天，一代枭雄司马懿终于走完了自己七十三年的人生旅程，撒手西去。

司马懿给两个儿子留下的，是一份宏大的基业，同时也是一个危机四伏的局面。

为什么说危机四伏呢？我们来看一份名单，《晋书》记载魏嘉平四年春正月，司马师被任命为大将军，加侍中，持节、都督中外诸军、录尚书事。

司马师手下文武百官人才济济，群英荟萃。这些人被《晋书》点名的有二十多位“诸葛诞、毌丘俭、王昶、陈泰、胡遵都督四方，王基、州泰、邓艾、石苞典州郡，卢毓、李丰裳选举，傅嘏、虞松参计谋，钟会、夏侯玄、王肃、陈本、孟康、赵酆、张缉预朝议，四海倾注，朝野肃然。”

不过，比较耐人寻味的就是，这二十多位核心干部当中，后来有七个人起兵造反，人数接近三分之一。这件事本身就说明司马懿留给司马师、司马昭的事业危机四伏。身边最信任、最倚仗的人，同时也是最危险、最不可信任的人。

那么为什么有这么多核心干部造反呢？这个现象在现代管理学当中叫做“认同感危机”。我们都知道，每个人干事业都是需要驱动力的，一般人的驱动力就是利益，为了利益工作、为了利益加班；但是高级人才不是这样，他们不仅仅需要利益，他们更需要对事业以及对领导者人格的认可，这叫做“认同驱动”。没有了认同，利益越多，高级人才越容易造反。

有一个企业家曾经跟我探讨过一个问题：为什么手下那些看起来平庸的人，完成任务都挺好的，越是那些看起来有能力、有水平的人，完成任务越不理想，绩效考核表现越差？

我和他说了一句话：用利益获得普通人的支持，用意义获得高人的支持。做事情有实惠，普通老百姓跟着你，做事情有境界，高人跟着你。大家想想，水泊梁山英雄聚义，如果没有了“替天行道”的远大目标，只靠分金分银，能聚拢很多小喽啰、小英雄，但是能不能让大英雄们心服口服呢？肯定不能。

管理智慧箴言

用利益获得普通人的支持，用意义获得高人的支持。

所以，我们现在很多企业的问题，不是因为待遇不好，留不住人才，而是只有物质手段，没有精神上的认同，留不住人才。“做事业有理想，做人有品格”，这样的领导才能留住高层人才。

司马师兄弟二人的手下，正是对他们缺乏这种认同，所以核心干部才会一拨接一拨地造反。

首先司马师吸取了曹爽搞改革的教训，当年曹爽集团的覆灭，很大程度上的原因就是“新官上任三把火”，搞全面变革，触动了豪门望族的既得利益，四面树敌，最后土崩瓦解。吸取了这个教训之后，司马师的原则就是“以不变应万变，新官上任不烧火”。啥也不改，咱们就维持这样。《晋书》上说，有人或有请改易制度者，帝曰：“不识不知，顺帝之则，诗人之美也。三祖典制，所宜遵奉；自非军事，不得妄有改革。”司马师全面接受了曹操、曹丕、曹睿三代形成的基本制度、基本工作方法和基本分利模式。他的命令是，除了军事作战得应变策略之外，其他一律不改。

他之所以这样做，就是为了维护既得利益者的利益，维护当权者的利益，我不抢你的蛋糕了，希望你支持我。

我们都知道年轻人是创新的主力，往往一个年轻领导新官上任之后，首先会革除旧弊，大刀阔斧向旧制度、旧习惯开刀。

可是司马师这个年轻的新领导，上任以后，首先下的命令居然是“不得妄有改革”。这是一个很耐人寻味的做法，也是一个很无奈的做法。原因很简单，得罪不起啊。碰了谁的蛋糕，谁都要跳出来玩命。

这涉及管理学的一个规律，叫做“利益点决定观点”。这个规律很有意思，中国传统文化当中，有一类书，我特别喜欢，就是神鬼妖狐的书，有《山海经》、《搜神记》、《阅微草堂笔记》、《子不语》、《萤窗异草》、《聊斋志异》，我从初中就开始看，特别喜欢。看这类书我就发现一个现象，天仙、地鬼、狐狸精都特别喜欢书生，尤其是《聊斋志异》里的狐狸精，爱书生爱得死心塌地，但是书生还不争气，有的变心，有的贰心，有的花心。有人研究，在《聊斋志异》当中，书生身上有男人谈恋爱的六大劣根——“胆小怕事吃软饭，花心好色不负责”。可恨吧，但很玄妙的就是，在书生犯完错误以后，狐狸精都能原谅他，捐弃前嫌，破镜重圆，所以有人就问了，为什么狐狸精那么喜欢书生？而放眼望去，中国文化思想史有个特殊的现象，就是所有优美的爱情故事男一号一定是个书生，为什么这个天仙、地鬼，特别是狐狸精，都那么喜欢书生？你要从一般角度想想不明白，要从管理学角度讲，很简单——因为写书的人他是个书生！所以，如果是杀猪的写，狐狸精就喜欢杀猪的，如果是打铁的写，狐狸精就喜欢打铁的。这就叫“利益点决定观点”。更通俗的说法叫“屁股决定脑袋”，也就是说，一个人有什么利益点，脑中自然就有什么样的想法，这是基本规律。

管理智慧箴言

利益点决定观点，一个人有什么利益点，脑中自然就有什么样的想法，这是基本规律。

司马师认识到了这个问题，司马师其实就是希望利用维护利益点的方式，获得最大限度的大力支持。

在一个团队中，很多纷争往往都源于利益，处理好了利益分配问题，领导者往往就能把握住局面。那么，是不是处理好利益问题，稳定的局面就一定能形成呢？接下来，司马氏兄弟还会遇到哪些问题呢？

不过他把问题想简单了，有很多人虽然得到了利益，依然扯旗造反，这个现象叫“没有利益是不行的，只有利益是不够的”。人除了利益之外还要理想、要意义、要认同。整个曹魏政权的核心干部，他们都是忠于朝廷、忠于国家的。在这种情况下，利益手段不解决问题，再怎么拉拢也不认同。那真是前边给实惠，后边就造反，一边拿好处，一边下刀子。面对这样的局面，司马师和司马昭就被逼到了作战的地步，只得动手了。

司马兄弟和敌人作战，采用了三种方法。

第一种方法叫力战，就是拼资源、拼实力。

第二种方法叫心战，拼民心、拼老百姓的支持。我们认为古往今来最高明的战斗是心战，只要得到民心，有老百姓支持，就打不垮也打不死，最后一定可以获取胜利。

第三种方法叫智战，拼头脑、拼智慧，靠策略取胜。司马师、司马昭就决定使用这三种方法来消灭反对者。

策略一　力战

第一战是“力战文毌”。“文毌”是两个人，一个叫文钦，一个叫毌丘俭。毌丘俭当时的职务是镇东将军，都督扬州军事，是司马懿带出来的军事干部。我们知道征讨公孙渊的时候，毌丘俭就追随太尉司马懿征辽东，是司马懿的“革命战友”。文钦是曹爽的手下，官至前将军，拜扬州刺史。毌丘俭认为，司马师对待曹芳太过分了，要站出来主持公道，为了理想而战。而文钦是为了利益，当年曹爽对文钦特别好。文钦此人是个武夫，《三国志》上说他“骁果粗猛，数有战功，好增虏获，以徼宠赏，多不见许，怨恨日甚”。意思是司马师给了文钦一些待遇，但是不如前任领导曹爽给得多，导致文钦对司马师掌权很有看法，逐渐生出怨恨之心。

管理学中关于给下属待遇有一个“对比效应”。什么叫“对比效

毌丘俭（?—公元255年），字仲恭，河东闻喜（今山西闻喜县）人。中国三国时期魏将。他于公元255年发动针对司马师的兵变，即后人所谓“淮南三叛”（王凌、毌丘俭、诸葛诞）之一，但不久即兵败被杀。

文钦（?—公元257年），字仲若，三国时魏国谯郡(今安徽亳州）人，曹操部将文稷之子。文鸯、文虎之父。文钦仕魏时官至前将军，拜扬州刺史。被司马师废曹芳的专横暴行激怒，于魏正元二年（公元255年）与毌丘俭、文鸯、文虎起兵讨司马师，兵败后投奔吴国，后因军见不同而被诸葛诞疑有叛心处死，两子文鸯、文虎又投奔回魏国。

应”？举个例子，比如一盆温水，我们把手指搁进去，你会感觉到凉还是热呢？这取决于之前你的手指头放在什么里边，如果以前手指头在凉水里，现在搁在温水里就觉得暖和，如果以前手指头在热水里，现在搁在温水里边就觉得凉。其实司马师对文钦也还不错，没有打击，没有故意冷落，但是因为温度没有达到前任领导曹爽的度数，而文钦又是个在乎利益的人，所以就对司马师有了意见，出于对司马师共同的不满，于是文毌二人决定造反。

在正元二年的正月，文毌二人伪造了一份太后的诏书，起兵造反，对抗司马师。公布了大将军司马师十一大罪状，义正词严，气势磅礴。不过比较有意思的是，在起兵的公告当中，对于司马懿，却没有任何的贬低，而是给了很多的赞美和肯定。“故相国懿，匡辅魏室，历事忠贞，故烈祖明皇帝授以寄托之任。懿戮力尽节，以宁华夏。又以齐王聪明，无有秽德，乃心勤尽忠以辅上，天下赖之。”

而且起兵的目的，就变得更加有意思，居然是要废掉司马师，代之以司马昭。他们是这样说的：“弟昭，忠肃宽明，乐善好士，有高世君子之度，忠诚为国，不与师同。臣等碎首所保，可以代师辅导圣躬。”

通过这个事情，我们可以做出三个判断：一、司马懿在当时还是比较有威信的，获得了很多人的认可，有群众基础。二、毌丘俭、文钦此举，是为了分化瓦解司马氏集团，造成他们内部的分裂和矛盾。三、毌文二人有幻想，以为只要反对司马师就足够了。

从起义宣言的态度和主张上边，我们就可以得出结论，此次造反是一次不坚决、不彻底的造反。只反司马师，不反司马昭，崇拜司马懿。这简直是笑话。

正是这种斗争的不坚决、不彻底，给后来的失败埋下了伏笔。

接到文毌二人起兵的消息，司马师可没有任何含糊。他立即安排部署大军前往镇压。

司马师到扬州后，采用了一个高明的策略——围而不打。他带了三路大军从三面把文钦围在中间，形成“丁字形”包围圈，但是围而不打。他的策略就是先要把敌人困住，等他粮草断了，没有出路，就会发生内乱，最后投降。事情果然按照司马师预测的这个方向发展了。大量造反的士兵被围得久了，进退不能，又没粮食，就重新回归了司马师的大营。

司马师一看条件成熟了，就让邓艾（当时是泰山郡的郡守）带领一支小部队做诱饵，把毌丘俭、文钦引诱出来，司马师统领大军就对叛军进行了歼灭战。这场歼灭战打得很顺利，不过中间出现了一个司马师意想不到的情况。

文钦的大儿子文鸯，十八岁，既有本事，又有胆识，本来文钦和毌丘俭作战失利准备撤退，文鸯却跟文钦说，“不先折其势，不得去也。”意思是咱们要退的话，敌人追过来咱们就败了，所以得先把敌人杀败。然而这些当兵的面对司马师的十几万大军，谁都不敢上，文鸯自告奋勇带了十几个亲兵，拨转马头就奔司马师的十几万大军冲过去了，《三国志》记载，这十几个人“摧锋陷阵，所向皆披靡。”《三国演义》第110回专门有一章记载这件事，十几个人挑战十几万大军，而且居然打胜了全身而退，就在少年将军文鸯左冲右突的过程当中，司马师本来在中军指挥部队，听到前方说有敌军反攻了，司马师很紧张，《晋书》上说“文鸯来攻，司马师惊而目出。惧六军之恐，蒙之以被，痛甚，啮被败而左右莫知焉”。一着急一上火不要紧，眼是心火之苗，又刚做完手术，结果把做手术的那只眼睛给震出了眼眶，血一下子喷了出来。为了稳定军心，司马师硬是把眼睛又塞了回去，用被子蒙着自己的脑袋，疼得把被子都咬烂了，棉花咬得到处都是，整个中军帐里全都是血。最后，消灭文钦、毌丘俭这一仗虽然打胜了，但是司马师付出了惨痛的代价，因为疼痛过度，眼睛失血过多，生命垂危，听说司马师病危，司马昭昼夜兼程赶到军中，两个人见了最后一面。公元255年二月，司马师在军中病故，终年四十八岁。司马师一死，司马昭就掌握了大权。

文鸯（约公元238—291年），本名文俶，字次骞，谯郡（今安徽亳州）人。魏晋时期武将，文钦之子。初仕魏，后因其父从毌丘俭叛，乃随其父投吴，并于诸葛诞叛魏时助之，但其父随即被诸葛诞杀，乃复降魏。

说到这里，我们不得不佩服少年将军文鸯，面对强敌毫不畏惧，真有赵子龙当年大战长坂坡的威风。我们讲，年轻人是创新的主力，是突破的主要担当者。年轻人没有那么多惯性思维，勇于探索。

老同志有惯性思维，探索的欲望就会下降。专家做了一个实验，准备了两个瓶子，一个瓶子装了一只会探路、有经验的蜜蜂，这只蜜蜂左摇右晃就是飞不出来；另一个瓶子装了一只没经验的苍蝇，结果苍蝇左撞右撞一会儿就飞出来了，就好比“乱拳打死老师傅”，生猛的少年能突破。所以有的时候干大事情用一用年轻人，能取得意想不到的效果，大家看赤壁大战的时候，孙权二十七岁，诸葛亮二十七岁，这么年轻，就能改变历史，那是因为年轻人有探索的勇气。

> 一个单位中，新领导上任会遇到各种问题，其中队伍的稳定是关键，有的领导为了显示自己的权威，遇到刺头往往会采取硬碰硬的办法，这样的结果往往是两败俱伤，司马师的死就是典型的例子。那么，当大权落到弟弟司马昭手里之后，为了稳定局面，他又会采取怎样的策略呢？

司马昭在接掌大权以后，认真总结以往的斗争经验，得出一个结论：力战不可行，杀敌三千，自损八百。光有力战不行，做小事靠力量，做大事得靠头脑，做天下大事得靠别人的头脑。所以司马昭决定，小事靠自己的头脑，大事靠别人的头脑——靠民心。

策略二　心战

公元257年五月，曹魏镇东大将军诸葛诞杀了扬州刺史乐綝起兵造反。诸葛诞是诸葛亮的族弟，曾与夏侯玄、邓飏等亲密，诸葛诞见王凌、夏侯玄、毌丘俭累遭夷灭，惧不自安，欲保淮南。司马昭对诸葛诞生疑，甘露二年（公元257年）夏，征其入朝为司空。诸葛诞认为这是要把自己骗到首都治罪，所以举兵造反，聚十五万众，闭城自守，遣使向东吴请救。东吴遣之前的降将文钦，以及大将唐咨等率三万多人前来接应。诸葛诞手下总兵力接近二十万，战将上百员，一时之间声势大振。

诸葛诞是诸葛亮的族弟，也是山东人，在曹魏政权里面做到了镇东将军、扬州刺史，手里有大权。他在造反的时候，还结交了一个盟友——东吴。诸葛诞的造反大军有十多万，东吴又派来三万援军，整个造反队伍多达二十多万人，其势力从扬州一直都到河南边境了。当时举国上下都看着司马昭，大家都采取观望的态度：你要能把别人打下我们支持你，你要不能打下我们就墙倒众人推。所以司马昭刚当一把手就遇到了人生当中的巨大挑战，不过幸好司马昭训练得当，这种局势见多了，十分沉着冷静。司马昭就采取了和司

诸葛诞（？—公元258年），字公休，琅邪阳都（今山东沂南）人。三国时期魏将，汉司隶校尉诸葛丰之后，在魏官至征东大将军。曾与司马师一同平定毌丘俭、文钦的叛乱。之后因与被诛的夏侯玄、邓飏交厚，且见到王凌、毌丘俭等人的覆灭而心不自安，于甘露二年（公元257年）起兵造反，次年反叛被镇压，诸葛诞被斩，夷三族。

马师一样的作战策略——围而不打，待敌自乱。不过他使用的是更进一步的方法，主要是三个方法。

第一招是示弱。示弱策略是一切强者常用的策略。强者出手之前都要示弱，司马昭第一展示的是自己粮食不够，第二展示的是自己的队伍素质比较低，他专门派了老弱残兵，有七十多岁的老兵、十几岁的娃娃兵到淮北去抢粮食。向叛军传达了一个信息，我们的战斗力不强，没有粮食，而且还主动造谣说东吴的第二拨援军又来了。这个消息让造反的队伍人心大快。这帮叛军在包围圈当中大吃二喝，兴高采烈，没几天就把粮食吃光了。等发现粮食吃光了，援军也不来，跟敌人一打才发现，人家个个都是精兵强将，这才发现上当了。

司马昭的第二招是分化离间。司马昭手下有个高人叫钟会，钟会的书法非常出色，其父亲钟繇是三国年间的大书法家，钟会擅书各家书体，模仿别人写字模仿得非常逼真，那真是学谁像谁。司马昭就安排钟会伪造书信，分化城中东吴守军，诱使东吴将领全静兄弟五人率众来降，一下招降了城中三万多东吴士兵，造成敌方军心动摇。

第三招是展示宽容，以德服人。当时，在巨大的军事压力和弹尽粮绝中，敌人的队伍发生了分化。前面咱们讲到，文毌二人造反，毌丘俭被杀，文钦父子投奔东吴，这次东吴支持诸葛诞造反，又把文钦他们给派回来了。但是，第二拨造反的诸葛诞跟第一拨造反的文钦在军事上产生了分歧，而且分歧很大，诸葛诞把文钦给杀了，少年将军文鸯为父报仇，攻打诸葛诞没有成功，于是带着自己的弟弟文虎出城投降了。文鸯一投降，司马昭的手下人说，整死咱们大哥司马师的就是这个小孩，他自投罗网，我们可以为大哥报仇了。但司马昭却捐弃前嫌，不但没报仇，而且还任命文鸯为大将军，封侯了。这件事情让文鸯、文虎兄弟特别感动，两个人带着几百个亲兵围着寿春城转圈，一边转圈一边大喊，“文钦之子犹不见杀，其余何惧？”（《三国志》）意思是说，连我们这样有血仇的人投降了都能封侯，城上的弟兄们，你们还不赶紧下来过好日子？这一下，整个叛军军心瓦解，司马昭一战成功。所以，做事情能用资源和力量的人只是中等水平，能用谋略和人心的人那才是高等水平。司马师就靠着这种心战的方法攻取了寿春。

管理智慧箴言

做事情能用资源和力量的人只是中等水平，能用谋略和人心的人那才是高等水平。

攻取寿春之后，司马昭苦心经营内部政权，对人事进行了调配，过了几年，政权终于巩固了。之后司马昭就要做一件大事——伐蜀。这件事情司马懿没想到，司马师没想到，曹操做过但没有成功，曹丕做过也没有成功，最后被司马昭给做成功了。而且在伐蜀过程中，我们前面提到的钟会起到了关键的作用，而钟会这个人本身也有造反之心，司马昭在既要用钟会又要防钟会上面就动了很多心思，这就是司马兄弟采取的第三个方法。

策略三　智战

司马昭准备伐蜀，但满朝文武都不同意，包括曹魏西线主将邓艾，只有钟会一个人支持司马昭。在这种情况下，司马昭仍然决定伐蜀。

司马昭的伐蜀大军分成三路，征西将军邓艾带领三万余人自狄道进攻甘松、沓中；雍州刺史诸葛绪率领三万余人自祁山进攻武街桥头，堵截姜维归路；钟会带领十余万大军分别从斜谷、骆谷、子午谷进兵直扑汉中。一开始战斗进展得非常顺利，钟会很快就取了汉中，西蜀方面由于军事部署不好，再加上后来宦官黄皓造谣扣押诏书干扰指挥部署，导致汉中战役失败。之后姜维敛军驻守剑阁，剑阁这个地方“一夫当关，万夫莫开”，钟会带着十几万大军在剑阁打了很长时间，就是拿不下来，粮食都快吃光了。关键时刻，邓艾起了决定性的作用。邓艾出奇制胜，带领精锐部队穿越七百余里无人区，绕过正面穿插到侧翼，取得了伐蜀战役的主动权。

这次行军的艰难程度难以想象，《三国志》记载，邓艾走阴平小道，行无人之地七百里，山高林密，悬崖陡峭，一边走一边架桥，最后走不过去时，邓艾用毡子裹住自己，从山上滚了下去，当兵的一看大将军下去了，就一个跟着一个鱼贯而下。从侧翼绕过了剑阁，进入成都平原的腹地，在绵阳战役中一战成功，歼灭了蜀军的主力，诸葛亮的儿子诸葛瞻、孙子诸葛尚在这次战役当中都被邓艾杀了。这一战之后，西蜀整个军心动摇，国无斗志，邓艾闪电一般包围了成都，刘禅抬棺出降。那边十多万人还在剑阁僵持，这边邓艾已经攻取了蜀国首都。邓艾在没有后方、没有援军的情况下，以不到两万人的兵力，孤军深入，出奇制胜，确实非常了不起。所以这次伐蜀之所以成功，用人是关键，邓艾是谁发现的？邓艾是被司马懿发现的。

邓艾（公元197—264年），字士载，义阳棘阳（今河南新野）人。三国时期魏国杰出的军事家、将领。公元263年他与钟会分别率军攻打蜀汉，最后他率先进入成都，使得蜀汉灭亡。

邓艾家庭出身非常贫寒，相貌一般，还有点口吃，每次说话都自称艾，咱们经常说的一个成语叫“期期艾艾”，就是从邓艾这儿来的。一开始没人喜欢他，给了他一个特别尴尬的官职，在典农中郎将手下做一个小官，负责“稻田守草”。偶然一次司马懿看到了邓艾写的东西，认为他是个大才，就把他提拔了。我们很佩服司马懿的伯乐眼光。中国有句话，“世有伯乐，然后有千里马。千里马常有，而伯乐不常有。”请大家反思一个问题，为什么伯乐不常有？为什么缺少像司马懿这样眼光独特的伯乐？

我来举个例子，学校里有这么一位伯乐导师，培养了一个千里马的博士，小伙子三十刚出头，有才华、人品好、有思想、有境界，导师发现这个学生真厉害，于是科研项目导师自己不做了，给博士做；国际会议自己不去了，让博士去；科研经费自己不要了，给博士，在他的精心培育下一颗学术新星冉冉升起。周围群众、领导也热烈鼓掌，大家特别喜欢千里马，于是经费、项目、机会一直都给他，后来有一天发现这“千里马”缺实验室，实验室在导师手里呢。大家一商量，老教授那么大岁数能干什么？把实验室也给博士吧。结果老教授培养出一个博士，自己连办公室都没有了。老教授当然境界高，说长江水后浪推前浪，前浪就得让，后浪才能上。我就让了！但是这件事一出，周围的老师心下可打鼓了，这不就是传说中的“教会徒弟，饿死师傅”吗？所以为什么中国伯乐少，因为当伯乐不快乐，当伯乐没前途，培养出一个千里马，伯乐没人理了。

我们来看一个古人，“春秋五霸”齐桓公手下有一位高人管仲。管仲辅佐齐桓公九合诸侯，一匡天下，称霸中原，每次管仲这匹千里马取得成绩之后，齐桓公第一个奖励的是管仲的启蒙老师，说谢谢你为国家培养人才；第二个奖励的是人力资源部发现管仲的这个人，说谢谢你为国家发现人才；第三个才奖励管仲。这叫先奖励伯乐，后奖励千里马。整个齐国人都发现，自己没本事不能拉车没关系，培养个千里马，照样过好日子。于是齐国人才辈出。

你不奖励伯乐，那谁当伯乐啊？当伯乐倒霉，当伯乐寂寞，当伯乐没前途，当伯乐不快乐，就没人当伯乐。这叫激励导向。

所以大家记住，如果有一个人才脱颖而出，做出巨大贡献，领导应该考虑，这人才是谁推荐的、谁培养的？永远不能让发现和培养人才的人吃亏，只有这样才能千里马辈出。

正是因为有了司马懿这个伯乐，才有了邓艾这个千里马。在邓艾的努力下，司马昭成功地瓦解了西蜀政权，但就在这时又出问题了。我们在工作中也常遇到这种情况，有的人能力强，一旦获得了成绩，就会翘尾巴，甚至做出对团队建设不利的事情来，那么，司马昭又将遇到哪些棘手的问题，他又是如何解决的呢？

在伐蜀战役中，邓艾独建奇功，取得了巨大的胜利，官封太尉，光封户就封了两万多户，这在曹魏的历史上也是非常少有的。邓艾真的是一匹出色的千里马，在关键时刻做出了巨大贡献。

但是人一成功难免就自我膨胀，邓艾也是凡人，在取得巨大的成功之后，他也自我膨胀了，做了两件要命的事情。

第一，邓艾以中央的名义擅自任命干部。

第二，说话不注意分寸，说了好多不该说的话。

这就引起了另一个阴谋家钟会的注意，钟会是有造反之心的，邓艾只想立功不想造反。钟会决定先把邓艾整死，然后再起兵造反。于是钟会设了一个圈套陷害邓艾，怎么设的呢？大家知道钟会的书法造诣非常高，善于模仿各家书体。所以，钟会就模仿邓艾的口气和笔体给朝廷上了一道奏章，字里行间说了很多过火的话，同时钟会又联合好几家大将上书汇报说邓艾要谋反。这种赤裸裸的诬陷居然得逞了。司马昭立刻指使钟会进兵成都，夺了邓艾的兵权，将邓艾父子装到囚车里，押送首都洛阳。囚禁邓艾的那一天，邓艾原来手下这些当兵的都投到钟会的军中去喝酒吃肉了，中军大帐中只有邓艾身边少数的几个人，没有人保护邓艾。可以看到，邓艾的人际关系搞得特别不好。邓艾被装到囚车里后，仰天长叹，儿子邓忠瞅着亲爹掉眼泪，说咱们立这么大功，最后却落得这么一个下场。

钟会（公元225—264年），字士季，颍川长社（今河南长葛东）人。三国时期魏将，太傅钟繇之幼子，钟毓之弟。公元263年，他与邓艾分兵攻打蜀汉，导致蜀汉灭亡。此后钟会欲据蜀自立，与蜀汉降将姜维共谋其事，却因部下的反叛而失败，自己也死于部将兵变。

把邓艾押送走后，钟会开始决定造反了。

钟会造反有姜维的鼓励和推动。姜维想利用他们的内部矛盾让钟会造反，两败俱伤，自己再恢复西蜀政权，其实司马昭对钟会造反早有判断。早在钟会伐蜀之前，身边人就跟司马昭说，钟会是个阴谋家，有可能造反。

司马昭关于钟会的造反有三个判断。

第一，伐蜀胜利，钟会一定会造反。

第二，对于蜀国来说，败军之将不能言勇，亡国之将没有忠心。西蜀国破家亡，部队打败了，钟会要造反，蜀国这帮人肯定不会支持他。

第三，中原将士思归，都想衣锦还乡。钟会要造反，他手下的部队不会支持他。他不造反还能善终，他要造反必败。司马昭的政治眼光确实非常高明。可以说伐蜀战役的胜利首先是政治的胜利，其次才是军事的胜利。钟会、邓艾在伐蜀战场上屡出奇谋妙计，但是缺乏政治眼光和战略高度，终究还只是司马昭棋盘上的一颗棋子。

为了测试一下钟会的态度，在收了邓艾以后，司马昭专门给钟会写信，说："恐邓艾或不就徵，今遣中护军贾充将步骑万人径入斜谷，屯乐城，吾自将十万屯长安，相见在近。"

钟会一见书信大惊失色，跟左右亲信说："但取邓艾，相国知我能独办之；今来大重，必觉我异矣，便当速发。事成，可得天下；不成，退保蜀汉，不失作刘备也。"

公元264年正月十五，钟会把手下大将聚到一起，告诉大家，各位要支持我起兵消灭司马昭，不支持我就把他宰了。钟会没想到，这些大将根本就不支持造反，而且每个将领手下都有自己的死党，虽然将领被软禁了，但是他们手下那些士兵一起围攻钟会。混战中钟会被杀，姜维也死在乱军之中。最后叛乱平定了，西蜀也到了司马昭手中了。我们常说"司马昭之心，路人皆知"。司马昭这个心，那真是"螳螂捕蝉，黄雀在后"，司马昭就是用钟会防着邓艾，同时用邓艾牵制钟会，然后再安排人拿下钟会，他的心机确实是很深的。

其实，有很多人质疑，曹魏政权尝试了那么多次都没成功，诸葛亮六出祁山，姜维九伐中原都没有胜利，司马氏父子怎么就能取得攻占西蜀的胜利呢？《资治通鉴》中引用了襄阳人张悌的观点，我觉得挺有道理的。他讲了三个原因。

第一，曹操这个人以法制治天下，手段非常狠辣。人人敬畏，但不敬爱，"民畏其威而不怀其德，"而曹丕和曹睿好大喜功，大兴土木，老百姓苦不堪言，曹氏因为没有民心，所以不会成功。

第二，别看司马氏手狠，但那都是在高层政治斗争层面，而对待下边的老百姓，司马氏革除弊政，发展生产，关心民生。历史上司马懿最大的贡献是屯田，让老百姓有地可种，能养活老婆孩子过幸福的生活。所以司马氏有民心基础。

第三，在司马氏掌权之后，发生了扬州三反，前面我们讲过，有王凌造反，有毌丘俭、文钦造反，有诸葛诞造反，但是那么大的反叛老百姓居然都没响应。后来小皇帝曹髦因不满司马昭的专横跋扈，带领三百人讨伐司马昭，被司马昭的手下一矛刺死。就这么大的事件，天下老百姓居然没有反应，没有引起大乱。为什么？因为大家生活安定有保障，没人想造反。

通过这些事情，我们也可以看到，民心是天意，关注民心、顺应民意、发展民生，才有稳定的政权。司马氏靠着这个战略眼光，获得了成功，是很有头脑的。从这一点来看，司马氏父子确实要比曹氏父子高明，他们知道“水能载舟，亦能覆舟”的基本道理。

大家回过头看中国历史，我们认为成功人士有三种。

第一种人是情绪导向的人，这种人靠情绪和直觉生活。做事情是喜欢就干，不喜欢就不干。这种人只能做成凡人小事。

第二种人是头脑导向的人。这种人有逻辑、有判断，做事情能进行利害分析，懂得趋利避害，有心机有谋略。这种人可以做成大事情。

第三种人是心灵导向的人。这种人有信念、有理想，做事情凭的是价值观，应该做的事，即使不成功，也要去做；应该走的路，即使有万丈深渊、刀山火海，也要去走。这种人能做成伟大的事业。

诸葛亮就是心灵导向的人，凭价值观做事情，明知不可为而为之，虽然自己牺牲了，没有成功，但是引导千万人走上这条路，这就是伟大。

司马懿跟诸葛亮不一样，司马懿是头脑导向的人，他头脑冷静，精于判断，凭借过人的胆识和超强的谋略在斗争中一次次取胜。司马懿的一生可以用四个字总结，就是“稳、准、狠、忍”，他是一个常人，一个有私心杂念、个人欲望、权力野心的人。阅读司马懿的一生，给我们这些普通人的启迪和借鉴可能更多，因为我们的内心世界里，也包含着那么多的私心杂念、欲望、野心，特别是在这个充满诱惑的时代，应该如何管理好自己的内心世界，这是我们每个人面临的大课题。

司马懿更像一个常人，诸葛亮更像一个伟人。如果作个比喻，诸葛亮就像一盏明灯，这盏灯穿越了历史的阴霾，它的光明照亮了我们普通人的心灵世界。司马懿则是一面镜子，这面镜子让我们时常看到真实的自己，并有所反思，有所感悟。“真理真性，先真实再讲理”，看到真实的自己是一个人进步的开始，也是一个民族进步的开始。

希望我们大家都能以史为鉴，以人为镜，在前进的道路上，既要有明灯照亮自己的心灵世界，也要有明镜帮助自己看清缺点和不足。只有这样，我们才能心怀光明，每天都走在坦荡、充实的人生大道上。这也是我们讲司马懿这个话题的真正的意思所在。

赵老师和他的课（代后记）

2010年，我有幸成为北京邮电大学的学生，更有幸走进了赵老师的课堂。课程的名称叫“领导学”，初见其人，可以用“三高”、“三快”来形容——高学历、高智商、高个子；快人、快语、快步伐。这些特点除去先天因素，后来我在他的著作中找到了原因：写书逼出来的！因为写书，他成了夜猫子；因为写书，成了吝啬时间的人；因为写书……

赵老师的人气实在很旺，身为北邮的学生，如果没有听过他的课似乎有点遗憾。在上赵老师的课之前，我要先上门哲学课，每每在谈人生，谈信仰，谈修为的云山雾罩中走进赵老师的课堂，他实用、丰富的管理内容，诙谐幽默的授课方式一下子把我从云中拉回大地，理论与实践的反差，形而上、形而下的碰撞，头脑风暴也不过如此！

课程结束后，我们原班人马又转移到“人力资源管理策略与方法”的课上，原本拥挤的教室因为我们的到来显得有些嘈杂，但只要老师一开讲，所有青春躁动的心都安静了下来，凝聚在他一个人身上。大家随着老师讲课的步调，时而蹙眉，时而开怀，时而点头，时而忍不住鼓掌。老师的课非常实用，教我们养成习惯，教我们精力提升的方法，教我们处理人际关系中的冲突，教我们如何“制造”感情，以前常常看到公交站牌上的广告语“学习是种信仰”，那时候还不太理解，后来在课堂上有所体会：有个好老师，学习确实是种信仰！

赵老师不仅仅向我们教授管理学、古典文学、心理学、教育学，也是在教大家生活的艺术，用智慧品味人生。总结老师的讲课风格要套用《青梅煮酒论领导》中的话：旁征博引，却不觉晦涩难懂；闲话管理，却不乏真知灼见；诙谐幽默，却不失浩然正气；不讲大道理，只讲实用的道理。诚意、正心、修身是《礼记·大学》八目中的三目，这简单的六个字是中国古代儒家思想中关于提升自我修养最精华的部分。简单的六个字蕴含着深刻的含义。“欲正其心者，先诚其意”，“正心之后方能修身”，这是赵玉平老师告诫学生的，也是他一直努力的方向。

之前在《百家讲坛》讲“向诸葛亮借智慧”时，赵老师已经被身边的同事称为“铁人”。现在在《百家讲坛》讲“跟司马懿学管理”时，老师光荣地升格为一名“超人”。在准备“跟司马懿学管理”的那段时间里，老师还有很重的教学任务，包括本科生、研究生、在职MBA，还有外部的培训班。时间真的是一挤再挤，经常连续熬夜好几天，十天时间跑七个城市讲七天课，在路上、飞机上，能利用的时间都用来准备文稿。存在主义认为，人是在无意义的宇宙中生存，人的存在本身也没有意义，但人可以在存在的基础上自我造就，活得精彩。我想，老师就是那种活得精彩，有价值的人。

非常幸运，能在本书出版之前读到原稿，这次老师所讲的人物是司马懿。相比诸葛亮高不可攀的智慧，司马懿似乎更平易近人些。一般人受《三国演义》的影响，认为司马懿篡夺曹魏政权，是一个十足的反面角色，其实非也。赵老师从不同的角度出发，分析了司马懿的性格特点，其独到的为人处世原则，在政治、军事、教育子女等方面的经验，值得我们大家领悟和借鉴。

在管理学上，我是个门外汉，但此书却能把概念讲得浅显易懂，把案例描写得惟妙惟肖，把对策和建议给得恰到好处，启迪了我从管理学的角度重新审视自己的人生，通读全书，酣畅淋漓。

盛夏，期待已久的百家讲坛“跟司马懿学管理”开播了，同名书籍《跟司马懿学管理》也终于面世了，在此，向老师表示祝贺！

李 芸

2011年7月